RANDELZHOFER/WEIN

Ausbildungsreform und Bestandsschutz im Privatschulbereich

Studien und Gutachten aus dem Institut für Staatslehre, Staats- und Verwaltungsrecht der Freien Universität Berlin

Heft 14

Ausbildungsreform und Bestandsschutz im Privatschulbereich

Rechtsgutachten zu § 10 des Entwurfs eines Gesetzes über die Berufe in der Massage und in der Krankengymnastik (Stand März 1989)

Von

Univ.-Prof. Dr. Albrecht Randelzhofer

und

Wiss. Mitarbeiter Michael Wein

Duncker & Humblot · Berlin

CIP-Titelaufnahme der Deutschen Bibliothek

Randelzhofer, Albrecht:
Ausbildungsreform und Bestandsschutz im Privatschulbereich: Rechtsgutachten zu § 10 des Entwurfs eines Gesetzes über die Berufe in der Massage und in der Krankengymnastik (Stand März 1989) / von Albrecht Randelzhofer u. Michael Wein. –
Berlin: Duncker u. Humblot, 1989
(Studien und Gutachten aus dem Institut für Staatslehre, Staats- und Verwaltungsrecht der Freien Universität Berlin; H. 14)
ISBN 3-428-06742-8
NE: Wein, Michael:; Institut für Staatslehre, Staats- und Verwaltungsrecht <Berlin, West>: Studien und Gutachen . . .

Satz: Klaus-Dieter Voigt, Berlin 61
Druck: Berliner Buchdruckerei Union GmbH, Berlin 61
Printed in Germany

ISSN 0409-1426
ISBN 3-428-06742-8

Inhaltsverzeichnis

A. Einleitung

Schon seit über einem Jahrzehnt gibt es Bestrebungen, die Ausbildung in den Massage- und Krankengymnastikberufen gesetzlich neu zu regeln. Die Ausbildung in den genannten Berufen soll der modernen Entwicklung im Bereich der physikalischen Therapie und der Bewegungstherapie angepaßt und den Regelungen neuerer Gesetze für die nichtärztlichen Heilberufe angeglichen werden.[1] Im Jahre 1986 legte die Bundesregierung einen Gesetzentwurf vor, der in § 11 für die Krankengymnastenausbildung einen dreijährigen Lehrgang mit integrierter praktischer Ausbildung vorsah.[2] Dieser Entwurf konnte in der 1987 beendeten 10. Legislaturperiode des Bundestages nicht mehr behandelt werden, weil die Länder im Bundesrat die Frage der Integration der praktischen Ausbildung in den Lehrgang noch für klärungsbedürftig hielten. Seit März 1988 liegt nun ein überarbeiteter, im März 1989 nochmals neugefaßter Entwurf des Bundesministers für Jugend, Familie, Frauen und Gesundheit vor,[3] der noch in der laufenden 11. Legislaturperiode des Bundestages den gesetzgebenden Körperschaften zugeleitet und als Gesetz verabschiedet werden soll. Die in diesem Entwurf wiederum vorgesehene Integration der praktischen Ausbildung in den dreijährigen Lehrgang steht nach wie vor im Mittelpunkt der kontroversen Diskussion über das Gesetzesvorhaben. Gegen die Integration wenden sich vor allem die von dem „Verein von Freien Trägern von Krankengymnastikschulen e.V." vertretenen Schulen.[4] Diese Schulen, die organisatorisch nicht mit einem Krankenhaus verbunden sind, sehen sich nicht in der Lage, auf der Grundlage des ge-

---

[1] So ein Diskussionspapier des Bundesministeriums für Jugend, Familie und Gesundheit vom April 1984 (GeschZ. 316-4344-1/1), S. 1.

[2] Siehe den Entwurf eines Gesetzes über die Berufe in der Massage und in der Krankengymnastik (Masseur- und Krankengymnastengesetz – MKG), BR-Drs. 366/86 vom 22. 3. 1988.

[3] Siehe die Anlage zum Schreiben des Bundesministers vom 22. 3. 1988, GeschZ. 316-4344-1/1.

[4] Dem Verein gehörten im November 1988 die Träger von 17 privaten Lehranstalten an. Weitere zwei Lehranstalten sind zwar nicht Mitglied, lassen aber ihre Interessen durch den Verein vertreten (Auskunft des Vorsitzenden des Vorstandes des Vereins vom 29. 11. 1988).

planten Gesetzes mit den an Krankenhäusern eingerichteten Schulen, die überwiegend eine öffentlich-rechtliche Rechtsform aufweisen zu konkurrieren. Sie befürchten eine Vernichtung ihrer Existenz.

Im Hinblick auf diese durch die Integration der Krankengymnastenausbildung für die privaten Träger der Ausbildungsstätten möglicherweise eintretenden Folgen soll der in der überarbeiteten Fassung vom März 1989 vorliegende Gesetzentwurf einer verfassungsrechtlichen Überprüfung unterzogen werden.

B. Die bestehende Situation in der Krankengymnastikausbildung

I. Rechtliche Grundlagen

1. Bundesrecht

Das Gesetz über die Ausübung der Berufe des Masseurs, des Masseurs und medizinischen Bademeisters und des Krankengymnasten (MBKG) vom 21. 12. 1958[5] enthält die wesentlichen normativen Vorgaben für die Krankengymnastenausbildung. Nach diesem Gesetz ist die Ausübung einer Tätigkeit unter der Bezeichnung „Krankengymnast“ erlaubnispflichtig (§ 1). Gemäß § 2 Abs. 1 MBKG wird die Erlaubnis solchen Personen erteilt, die an einem mindestens zwei Jahre dauernden Lehrgang an einer als zur Ausbildung geeignete staatlich anerkannten Lehranstalt teilgenommen, die anschließende Prüfung vor einem staatlichen Prüfungsausschuß bestanden und dann die praktische Tätigkeit von einem Jahr in einer zur Annahme von Praktikanten ermächtigten Einrichtung (idR eine Krankenanstalt) abgeleistet haben (§§ 7 – 10 MBKG).

Die Anforderungen an die Ausbildung werden in der gemäß § 12 MBKG vom zuständigen Bundesminister erlassenen Ausbildungs- und Prüfungsordnung (APrO) näher geregelt. Nach § 1 APrO umfaßt der Lehrgang insgesamt zwölf im einzelnen aufgeführte Lehrfächer, die nach einem als Richtlinie zu berücksichtigenden Lehrplan zu unterrichten sind. Im Lehrplan ist ferner vorgeschrieben, daß die Krankengymnastikschüler in den letzten drei Semestern des Lehrgangs an Praktika in verschiedenen Abteilungen eines Krankenhauses teilzunehmen haben.[6] Die APrO enthält außerdem nähere Bestimmungen über die staatliche Prüfung (§§ 4 – 19) und die praktische Tätigkeit (§§ 20 bis 21) im Anschluß an diese Prüfung.

---

[5] BGBl. I, S. 985, zuletzt geändert durch Gesetz vom 27. 6. 1985 (BGBl. I, S. 1249).

[6] Im 2. Semester sind hierfür 20 Wochenstunden, im dritten 15 und im vierten Semester wiederum 20 von insgesamt 40 Wochenstunden vorgesehen; siehe die „Ausbildungs- und Prüfungsordnung für Krankengymnasten“ v. 7. 12. 1960 i.d.F. v. 25. 6. 1971 (BGBl. I 1960, S. 885, 1971, S. 847).

Für diese praktische Tätigkeit nach der Staatsprüfung (das sogenannte Berufspraktikum) sind – anders als für die in den Lehrgang integrierten klinischen Praktika (Schulpraktika) die Lehranstalten für Krankengymnastik nicht verantwortlich. Aus den Bestimmungen des MBKG und der APrO (insbesondere aus den §§ 2 Abs. 1, 7 Abs. 1, 10 MBKG) läßt sich ein *zweistufiges Modell*[7] der Krankengymnastenausbildung erkennen. Während die Lehranstalten für die vor der Staatsprüfung zu absolvierende erste Stufe (Lehrgang) zuständig sind, tragen die zur praktischen Ausbildung ermächtigten Einrichtungen die Verantwortung für die zweite Stufe der Krankengymnastenausbildung (Berufspraktikum).

2. Landesrecht

Die bundesrechtlichen Vorschriften über die Ausbildung der Krankengymnasten legen nicht fest, unter welchen Voraussetzungen Lehranstalten staatlich anerkannt und Krankenanstalten zur Annahme von Praktikanten ermächtigt werden können. Bayern, Berlin, Bremen und Niedersachsen haben hierzu Rechtsvorschriften erlassen.[8] Nach bremischem[9] und niedersächsischem[10] Recht setzt die staatliche Anerkennung einer Lehranstalt u.a. voraus, daß die Lehranstalt einer geeigneten Krankenanstalt angegliedert ist. In Bayern und Berlin sind nicht nur Lehranstalten vorgesehen, die an einem oder mehreren Krankenhäusern eingerichtet sind. Sofern die Zusammenarbeit mit geeigneten Krankenanstalten

---

[7] Gelegentlich wird die gegenwärtig praktizierte Form der Krankengymnastenausbildung als „duales System" bezeichnet (vgl. *Harms*, Gutachten, S. 10). Unter dualer Ausbildung wird freilich allgemein das dem Berufsbildungsgesetz zugrunde liegende System verstanden, welches durch ein Nebeneinander der Ausbildung in Betrieb und Berufschule gekennzeichnet ist. Demgegenüber besteht die Eigenart der Krankengymnastenausbildung darin, daß sie in aufeinander folgende Ausbildungsphasen gegliedert ist, die jeweils von einem anderen Ausbildungsträger bestimmt werden. Insofern weist die Krankengymnastenausbildung Übereinstimmungen mit der Juristenausbildung auf, die ebenfalls zweistufig erfolgt.

[8] Soweit ersichtlich bestehen in den anderen Ländern keine solchen Rechtsvorschriften, was unter rechtstaatlichen Gesichtspunkten bedenklich erscheint.

[9] § 4 Abs. 3 lit. a des Gesetzes über die staatliche Anerkennung von Krankengymnasten und die Errichtung von Krankengymnastenschulen vom 4. 7. 1950 (GBl. S. 77).

[10] § 4 Abs. 3 lit. a der Verordnung über die berufsmäßige Ausübung der Krankengymnastik und die Errichtung von Krankengymnastikschulen vom 28. 1. 1949 (GVBl. S. 39).

sichergestellt ist[11] oder eine enge Verbindung mit einer Krankenanstalt besteht, die zur Durchführung einer ergänzenden praktischen Ausbildung geeignet ist,[12] können in diesen Bundesländern auch Lehranstalten, die nicht an Kliniken angeschlossen sind, staatlich anerkannt werden.

II. Entwicklung und Struktur der Krankengymnastenausbildung

Bis 1964 gab es in der Bundesrepublik Deutschland nur 17 Krankengymnastikschulen.[13] Die Ausbildungssituation wurde im wesentlichen durch die acht Universitäten bestimmt, an denen zur Heranbildung des eigenen Nachwuchses Krankengymnastikschulen eingerichtet waren.[14] Neben diesen sog. Ordinarienschulen bestanden noch sechs Schulen, die von gemeinnützigen Stiftungen oder Vereinen bzw. einer öffentlich-rechtlichen Stiftung getragen wurden und die ebenfalls an Kliniken eingerichtet waren.[15] Nur zwei, von nichtgemeinnützigen privaten Trägern betriebene Krankengymnastikschulen waren nicht Kliniken angegliedert.[16] Sie durchbrachen als Ausnahme die *Regel* von der *gemeinwirtschaftlich orientierten Klinikschule*.

Diese Situation änderte sich mit der seit 1964 beginnenden Expansion des Ausbildungswesens in der Krankengymnastik in grundlegender Weise. Der wirtschaftliche und pädagogische Erfolg der neugegründeten privaten Lehranstalten ohne Klinikanbindung bewies, daß die „Lehrgänge" für die angehenden Krankengymnasten auch außerhalb der Großkliniken durchgeführt werden können. Dies führte dazu, daß sich in der Folgezeit

---

[11] Siehe § 1 Abs. 5 des bayerischen Gesetzes zur Ausführung des Bundesgesetzes über die Ausübung der Berufe des Masseurs, des Masseurs und medizinischen Bademeisters und des Krankengymnasten vom 10. 7. 1961 (GVBl. S. 183).

[12] Siehe § 2 Abs. 4 des Berliner Gesetzes über die Lehranstalten für Medizinalhilfspersonen vom 14. 7. 1964 (GVBl. S. 739), geändert durch Gesetz vom 14. 12. 1972 (GVBl. S. 2293).

[13] Siehe hierzu sowie allgemein zur Entwicklung der Krankengymnastenausbildung *Harms*, Gutachten, S. 1 ff.

[14] Siehe die Aufzählung von *Harms*, a.a.O., S. 1 f., die allerdings insofern nicht korrekt ist, als die von einer Stiftung des öffentlichen Rechts getragene Heidelberger Lehranstalt der Universität Heidelberg zugeordnet wird.

[15] Siehe *Harms*, a.a.O., S. 2.

[16] Siehe *Harms*, a.a.O. S. 2., der allerdings darauf hinweist, daß eine dieser beiden Schulen über eine „besondere Verbindung" zu einem Großklinikum verfügt.

mehr und mehr private „Unternehmer" in der Krankengymnastikausbildung engagierten und sich die Zahl der Krankengymnastikschulen von 1964 bis heute ungefähr verfünffacht hat (1964: 17, 1988: 84 Schulen).[17] Neben einer großen Zahl erwerbswirtschaftlich orientierter Schulen wurden aber auch weitere Schulen in öffentlich-rechtlicher oder in gemeinnütziger Trägerschaft gegründet. Das Ausbildungswesen in der Krankengymnastik zeichnet sich deshalb heute durch ein vielfältiges Angebot an Schulen aus. Dabei lassen sich deutlich zwei Gruppen von Schulen unterscheiden, nämlich die Klinikschulen und die eigenständigen privaten Lehranstalten.[18]

Etwas mehr als die Hälfte aller Krankengymnastikschulen, nämlich 46, sind zu den Klinikschulen zu zählen. Diese Schulen werden von öffentlich-rechtlich organisierten (vor allem Universitäten) und von freigemeinnützigen Trägern unterhalten. Sie erheben überwiegend kein Schulgeld, weil die Ausbildungskosten aus öffentlichen Haushalten oder über die Krankenhauspflegesätze abgedeckt werden.[19] Wegen der organisatorischen Verbindung zum Krankenhaus haben diese Schulen regelmäßig keine Schwierigkeiten damit, die während des Lehrgangs benötigten Praktikumsplätze ihren Schülern zur Verfügung zu stellen.[20]

---

[17] Die statistischen Angaben zu den Krankengymnastikschulen beruhen, soweit keine andere Quelle angegeben ist, auf dem im Jahrbuch Krankengymnastik 1987 / 88, S. 106 ff. abgedruckten Schulverzeichnis sowie auf einer dem Verf. vom „Verein von Freien Trägern von Krankengymnastikschulen e.V." zur Verfügung gestellten Übersicht über die Art der Schulträger und die Schulgelder (Stand 1988).

[18] So auch *Brenner*, Rechtskunde, S. 222 f., der zwischen einem „Modell der Schule im Großklinikum" und dem „Modell der eigenständigen privaten Lehranstalt" unterscheidet.

[19] Zur Finanzierung der Krankengymnastikschulen vgl. *Brenner*, Rechtskunde S. 221 f. und *Harms*, Gutachten, S. 14 f. Siehe ferner *Isensee*, DVBl. 1988, 932 ff.; 1989, 25 ff. und A. *Larenz*, DVBl. 1989, 23 ff. zur ähnlich gelagerten Frage der Finanzierung der Krankenpflegeschulen. Die Finanzierung der Krankengymnastikschulen über den Pflegesatz ist auch nach der zur Zeit geltenden Rechtslage möglich. § 17 Abs. 4a Satz 2 KHG i.d.F. der Bekanntmachung vom 23. 12. 1985 (BGBl. I 1986, S. 33), der die Berücksichtigung der Kosten des theoretischen Teils der Ausbildung nur bis zum 31. 12. 1988 erlaubte, ist durch Art. 22 Nr. 4 des Gesetzes zur Strukturreform im Gesundheitswesen vom 20. 12. 1988 (BGBl. I, S. 2477 [2578]) ersatzlos aufgehoben worden.

[20] Einige Lehranstalten sind freilich an Kliniken eingerichtet, die nicht über sämtliche für die praktische Ausbildung benötigten Abteilungen verfügen. In diesen Fällen muß ähnlich wie bei den Schulen ohne Klinikanbindung die Aus-

Die Gruppe der eigenständigen privaten Krankengymnastikschulen umfaßt insgesamt 38 Lehranstalten, die ganz überwiegend von ihren Trägern nach erwerbswirtschaftlichen Grundsätzen betrieben werden.

Diese Schulen finanzieren sich durch die Erhebung von Schulgeldern, die zwischen 390 DM und 850 DM in der Höhe schwanken. Die praktische Ausbildung ihrer Schüler während des zweijährigen Lehrgangs können die eigenständigen Lehranstalten nicht selbst durchführen. Für die Ableistung der klinischen Praktika werden die Schüler in geeignete Krankenhäuser entsandt, deren Träger sich im Wege vertraglicher Vereinbarung mit der Lehranstalt verpflichtet haben, Praktikantenplätze zur Verfügung zu stellen.

In der Vergangenheit ist es den eigenständigen Lehranstalten immer gelungen, in der geschilderten Form ihren Schülern die Ableistung der Praktika zu ermöglichen. Dies gelang allerdings nicht ohne Schwierigkeiten, weil die in Frage kommenden Krankenhäuser häufig wenig Interesse an der Ausbildung der Krankengymnastenschüler der ungebundenen Lehranstalten zeigten.

Diese Zurückhaltung der Krankenhäuser erklärt sich daraus, daß die Schulpraktikanten im Gegensatz zu den staatlich geprüften Berufspraktikanten eine intensive Anleitung und Betreuung benötigen und noch kaum eigenständig in die Behandlung der Patienten einbezogen werden können.

Für die eigenständigen Lehranstalten wird dieser allgemein festzustellende Kapazitätsengpaß im Bereich der Schulpraktikantenplätze dadurch verschärft, daß sie an Großkliniken, die mit ihnen konkurrierende Krankengymnastikschulen unterhalten, praktisch keine Chance auf Zuteilung von Praktikantenplätzen haben.

Trotz der geschilderten strukturbedingten Wettbewerbsnachteile der eigenständigen Lehranstalten in punkto Finanzierung und Praktikantenplätze konnten sich die Schulen ohne Krankenhausanbindung als Alternative zu den überkommenen Klinikschulen fest etablieren. Die von den Schulen ohne Anbindung an ein Krankenhaus ausgebildeten Krankengymnasten haben beruflich keine schlechteren Chancen als die an Klinikschulen ausgebildeten.

---

bildung teilweise in anderen Krankenhäusern stattfinden; siehe dazu auch *Brenner*, Rechtskunde, S. 223.

Dies zeigt sich etwa in der zweiten Stufe der Ausbildung, in der die angehenden Krankengymnasten nach erfolgreicher Staatsprüfung ein Berufspraktikum durchlaufen. Nach den §§ 19, 10 Berufsbildungsgesetz (BBiG)[21] steht den Praktikanten für diese nach § 10 MBKG vorgeschriebene „praktische Tätigkeit" eine Vergütung zu. Nach § 2 lit. b des Tarifvertrages über die Regelung der Arbeitsbedingungen der Praktikantinnen (Praktikanten) für medizinische Hilfsberufe vom 28. Januar 1970 beträgt das monatliche Praktikantenentgelt im Jahre 1989 1519,18 DM.[22] Da das dritte Ausbildungsjahr nicht mehr von den Schulen verantwortet wird, muß sich jeder geprüfte Krankengymnastikschüler selbst um einen Praktikumsplatz bemühen. Für die Schüler von Klinikschulen besteht regelmäßig die Möglichkeit, das Berufspraktikum am „eigenen" Krankenhaus abzuleisten. Obwohl die von eigenständigen Lehranstalten kommenden Schüler keine solchen günstigen Voraussetzungen haben, ist es ihnen in der Vergangenheit trotz der auch bei den Berufspraktikantenstellen zeitweilig bestehenden Kapazitätsprobleme regelmäßig gelungen, ein zur Ausbildung bereites Krankenhaus zu finden. Daraus läßt sich schließen, daß die eigenständigen Lehranstalten in bezug auf die Ausbildungsqualität nicht schlechter einzuschätzen sind als die Klinikschulen.

---

[21] V. 14. 8. 1969 (BGBl. I S. 1112), zuletzt geändert durch Gesetz vom 23. 12. 1981 (BGBl. I S. 1692).

[22] Der Tarifvertrag ist abgedruckt bei *Dittmeier / Zängl*, Bundesangestelltentarifvertrag, Loseblattsammlung 1. - 4. Aufl., Stand 1. 6. 1988 unter der Nr. 565.

C. Das Ausbildungskonzept des Regierungsentwurfs

I. Allgemeine Übersicht

Der Entwurf des Bundesministers für Jugend, Familie, Frauen und Gesundheit für ein „Gesetz über die Berufe in der Massage und in der Krankengymnastik“ (Masseur- und Krankengymnastengesetz - MKG) (im folgenden MKG-Entwurf genannt)[23] ist in insgesamt acht Abschnitte gegliedert.

Im I. Abschnitt (§§ 1 – 3) legt der MKG-Entwurf die Erlaubnispflichtigkeit des Führens bestimmter Berufsbezeichnungen in den genannten Berufen fest und nennt die Voraussetzungen, unter denen die Erlaubnis zu erteilen ist. Der Entwurf folgt damit einem dem geltenden Recht (MBKG) und den übrigen bundesgesetzlichen Regelungen für nichtärztliche Heilberufe zugrunde liegenden System, wonach der Zugang zum Beruf durch die Erteilung einer Erlaubnis zur Führung der Berufsbezeichnung geregelt wird.

Im II. Abschnitt (§§ 4 – 8) werden die Anforderungen an die Ausbildung für Masseure und medizinische Bademeister behandelt. Für diesem Beruf hält der MKG-Entwurf an der herkömmlichen zweistufigen Ausbildung (Lehrgang und praktische Tätigkeit) fest.

Für die Ausbildung im Bereich der Krankengymnastik (III. Abschnitt, §§ 9 – 13) ist dagegen eine Verschulung der gesamten Ausbildung (Lehrgang mit integriertem Praktikum) beabsichtigt (siehe dazu näher die Ausführungen unter dem nächsten Gliederungspunkt).

Im IV. Abschnitt (§ 14) wird der Bundesminister für Jugend, Familie, Frauen und Gesundheit zum Erlaß einer Ausbildungs- und Prüfungsver-

---

[23] Text und Begründung des Gesetzentwurfs vom März 1988 sind in der Anlage zum Schreiben des Bundesministers vom 22. 3. 1988 an die von dem Gesetzesvorhaben betroffenen Berufsverbände und Organisationen, GeschZ. 316-4344-1/1, abgedruckt. Die Neufassung dieses Entwurfes vom März 1989 unterscheidet sich in den wesentlichen Punkten nicht von der Fassung des Entwurfs vom März 1988. Soweit nicht ausdrücklich etwas anderes vermerkt ist, beziehen sich die Ausführungen in dieser Untersuchung auf den Entwurf in seiner Fassung vom März 1989.

ordnung ermächtigt. Der MKG-Entwurf enthält schließlich im V. bis VII. Abschnitt noch Zuständigkeitsregelungen (§ 15), Bußgeldvorschriften (§ 16) und Übergangs- und Schlußvorschriften (§ 17 – 19).

II. Die Strukturreform in der Krankengymnastenausbildung

Für den Beruf des Krankengymnasten sieht der MKG-Entwurf grundsätzlich die volle Integration der praktischen Ausbildung in den auf drei Jahre verlängerten Lehrgang vor. § 10 des MKG-Entwurfs lautet wie folgt:

(1) Die Ausbildung für Krankengymnastinnen und Krankengymnasten besteht aus einem Lehrgang, der theoretischen und praktischen Unterricht und eine praktische Ausbildung umfaßt. Sie wird durch staatlich anerkannte Schulen für Krankengymnastik vermittelt. Die Ausbildung schließt mit der staatlichen Prüfung ab und dauert unabhängig vom Zeitpunkt der Prüfung drei Jahre. Schulen, die nicht an einem Krankenhaus eingerichtet sind, können die praktische Ausbildung im Rahmen einer vertraglichen Vereinbarung mit einem Krankenhaus sicherstellen.

(2) Findet die Ausbildung nach Absatz 1 an einer Schule statt, die nicht an einem Krankenhaus eingerichtet ist, kann abweichend von Absatz 1 Satz 1 die praktische Ausbildung bis zur Dauer von zwölf Monaten auch als praktische Tätigkeit außerhalb des Lehrgangs an einem zur Annahme von Praktikanten ermächtigten Krankenhaus unter Aufsicht einer Krankengymnastin oder eines Krankengymnasten und unter Verantwortung einer Ärztin oder eines Arztes durchgeführt werden. Abweichend von Satz 1 kann die praktische Tätigkeit bis zur Dauer von vier Monaten auch an einer zur Annahme von Praktikanten ermächtigten Einrichtung, in der Patienten krankengymnastisch behandelt oder rehabilitiert werden, unter Aufsicht einer Krankengymnastin oder eines Krankengymnasten abgeleistet werden. § 8 Abs. 2 gilt entsprechend.

Die Abschaffung der bisherigen zweistufigen Krankengymnastenausbildung zugunsten eines einstufigen Ausbildungsmodells, welches das bisherige Berufspraktikum in den Lehrgang integriert und die staatliche Prüfung um ein Jahr an das Ende der Gesamtausbildung verschiebt (§ 10 Abs. 1), erscheint nach der amtlichen Begründung zum MKG-Entwurf von 1988 aus folgenden Gründen sinnvoll:[24]

„Dieser Ausbildungsteil [gemeint ist das Berufspraktikum nach der geltenden Rechtslage, d. Verf.] unterliegt unterschiedlicher Beurteilung durch die beteiligten Fachkreise. Insbesondere für die Ausbildung in der Krankengymnastik

---

[24] Siehe S. 15 der in Fn. 23 genannten Anlage.

erscheint er im Hinblick darauf, daß eine ordnungsgemäße Ausbildung während des Praktikums nicht immer gewährleistet ist und auch eine Erfolgskontrolle am Ende durch eine staatliche Prüfung nicht erfolgt, wenig effektiv. Außerdem waren bei den Praktikantenplätzen in den letzten Jahren Engpässe dadurch entstanden, daß es zu vielen Neugründungen von Schulen gekommen ist, die den Lehrgang vermitteln und bei denen die staatliche Prüfung abgelegt werden kann, die aber nicht für die anschließende praktische Tätigkeit sorgen können. Es wird deshalb von den Berufsverbänden in der Krankengymnastik, von den Ländern und vom Bundesgesundheitsrat gefordert, die praktische Ausbildung voll in den Lehrgang zu integrieren, wie dies bei anderen Regelungen für nichtärztliche Heilberufe erfolgt ist (zuletzt bei den Logopäden)."

Mit der Umstrukturierung der Krankengymnastenausbildung wird hingegen keine Angleichung an bestehende oder zu erwartende Rechtsvorschriften der Europäischen Gemeinschaften bezweckt.[25] Die Öffnung des europäischen Binnenmarktes im Jahre 1992 wird keinerlei Auswirkungen auf diesen Beruf haben. Harmonisierungsrichtlinien der EG über eine gegenseitige Anerkennung von Diplomen und Prüfungszeugnissen sind für die Krankengymnastik in absehbarer Zukunft nicht zu erwarten.[26]

Das in § 10 Abs. 1 MKG-Entwurf wie auch schon im Gesetzentwurf der Bundesregierung von 1986[27] vorgesehene Modell einer einstufigen Krankengymnastenausbildung ist entgegen der oben zitierten Begründung des MKG-Entwurfs nicht von „den" Berufsverbänden in der Krankengymnastik gefordert worden. Insbesondere der „Verein von Freien Trägern von Krankengymnastikschulen e.V.", der etwa die Hälfte der insgesamt 38 Schulen ohne Klinikanbindung vertritt,[28] sprach sich schon immer gegen das einstufige Modell aus und forderte eine Verbesserung der Ausbildungsqualität auf der Grundlage der bisher praktizierten zweistufigen Ausbildung.[29] Nach Auffassung dieses Vereins bevorzugt das

---

[25] Siehe die Antwort der Bundesregierung auf eine Kleine Anfrage der Abgeordneten *Willms-Kegel* und der Fraktion Die Grünen im Deutschen Bundestag, KG-Intern Nov. 6/88, S. 10 f. sowie die Antwort der Kommission der EG auf die schriftliche Anfrage Nr. 1197/87 des Abgeordneten des Europäischen Parlaments, *Lalor*, zur Notwendigkeit einer EG-Richtlinie für Physiotherapeuten, ABl. der EG Nr. C 303/5 v. 28. 11. 1988.

[26] So der Vertreter des BMJFFG, *Kurtenbach*, in einer Erörterung des MKG-Entwurfs mit den Verbänden am 26. 4. 1988; siehe S. 26 der Ergebnisniederschrift des BMJFFG vom 29. 4. 1988 (GeschZ. 316-4344-1/1).

[27] BR Drs. 366/86.

[28] Siehe Fn. 4.

[29] Siehe die Ausführungen der Vertreter des Vereins bei den Anhörungen vom 29. 11. 1985 und vom 7. 5. 1985 im BMJFFG (Ergebnisniederschrift vom

einstufige Modell einseitig die zumeist von öffentlich-rechtlichen Trägern betriebenen Klinikschulen. Diese könnten die mit der Ausweitung der Schulpraktika verbundenen organisatorischen Probleme leicht bewältigen.

Die überwiegend schulgeldfreien Klinikschulen könnten außerdem ihren schon jetzt bestehenden Wettbewerbsvorteile gegenüber den privaten, auf die Erhebung von Schulgeldern angewiesenen Krankengymnastikschulen ausbauen, weil die Verlängerung des Lehrgangs um ein Drittel eine höhere finanzielle Belastung der Schüler der eigenständigen Lehranstalten zur Folge haben würde. Diese Schüler müßten sich nicht nur mit einer Verlängerung der Schulgeldphase um 50 % abfinden. Darüber hinaus sei auch mit einem Wegfall des bisher gewährten Praktikantenentgelts zu rechnen. Die durch die Abschaffung des zweistufigen Modells sich für die „freien" Schulen ergebenden wirtschaftlichen Nachteile sind nach Meinung der Kritiker des MKG-Entwurfs so schwerwiegend, daß sie letztlich zur Existenzvernichtung der Schulen ohne Klinikanbindung führen werden.

Trotz dieser schon im Hinblick auf den 1986 im Bundesrat eingebrachten Regierungsentwurf geäußerten Bedenken privater Träger von Krankengymnastikschulen hält der nun vorliegende MKG-Entwurf von 1989 an der Integrationslösung fest. Die Bundesregierung ist sich, so die amtliche Begründung des Entwurfs[30], durchaus bewußt, daß die Verlängerung des Lehrgangs möglicherweise zu einer erhöhten finanziellen Belastung der Krankengymnastikschüler führen wird. Im Interesse der Qualität der Ausbildung wäre dies jedoch in Kauf zu nehmen.

Die eigenständigen Lehranstalten werden nicht mehr – wie noch in der Begründung zum Regierungsentwurfs von 1986 geschehen[31] –, für den Fall, daß sie die Durchführung des integrierten Praktikums nicht gewährleisten können, auf die Möglichkeit verwiesen, ihre Schüler im dritten Jahr an „weiterführende" Schulen abzugeben.

Nach dem neu eingefügten Absatz 2 des § 10 können Schulen, die nicht an einem Krankenhaus eingerichtet sind, ihre Schüler bis zu einem Jahr

---

13. 6. 1985 bzw. 5. 12. 1985, GeschZ. 316-4344-1/1) sowie die zusammenfassende Darstellung bei *Harms*, Gutachten, S. 7 ff.

[30] Siehe S. 18 des Entwurfs; siehe ferner die Begründung zum Regierungsentwurf von 1986, BR Drs. 366/86, S. 18.

[31] BR Drs. 366/86, S. 17.

zur Ableistung eines „lehrgangsbegleitenden Praktikums" in ein zur Ausbildung ermächtigtes Krankenhaus entsenden.[32]

Diese Ausnahmeregelung wurde in einer vom Bundesministerium für Jugend, Familie, Frauen und Gesundheit am 26. April 1988 zum MKG-Entwurf von 1988 durchgeführten Anhörung von den Interessenverbänden durchweg kritisiert.[33] Die Anhänger der „Vollintegration" lehnten die Regelung ab, weil sie nach ihrer Auffassung zu einer „Zweiklassenausbildung" in der Krankengymnastik führen werde.

Auch die Gegner des einstufigen Modells konnten sich mit der damals in § 11 Abs. 2 des Entwurfs enthaltenen Ausnahmeregelung (jetzt § 10 Abs. 2) nicht einverstanden erklären. Sie hielten die Beibehaltung des bisherigen zweistufigen Modells, modifiziert durch eine effektivere Fachaufsicht im Berufspraktikum, nach wie vor für die beste Lösung.

Bemängelt wurde von ihnen ferner, daß sich aus der Fassung des § 11 Abs. 2 MKG (jetzt § 10 Abs. 2) nicht mit ausreichender Klarheit ergebe, daß die eigenständigen Lehranstalten die Ausbildung im wesentlichen so fortführen können wie bisher.

In dem nach dieser Anhörung neugefaßten MKG-Entwurf wurde diese Ausnahmeregelung schließlich mit einer Befristung versehen. Nach § 19 Abs. 2 MKG-Entwurf soll diese Vorschrift zum 31. Dezember 1993 außer Kraft treten. Nach diesem Zeitpunkt muß die Ausbildung dann in allen Schulen i.S.d. § 10 Abs. 1 MKG-Entwurf gestaltet werden.[34]

---

32 Vgl. die Begründung des MKG-Entwurfs von 1988, S. 17, 28 der in Fn. 23 genannten Anlage.

33 Siehe die Ergebnisniederschrift vom 29. 4. 1988 (GeschZ. 316-4344-1/1).

34 Siehe S. 33 der amtlichen Begründung.

D. Die Gesetzgebungszuständigkeit des Bundes

Eine Gesetzgebungszuständigkeit des Bundes für § 10 MKG-Entwurf kann sich aus Art. 74 Nr. 19 GG i.V.m. Art. 72 Abs. 2 GG ergeben. Nach Art. 74 Nr. 19 GG erstreckt sich die konkurrierende Gesetzgebung u.a. auf die Zulassung zu ärztlichen und anderen Heilberufen. Ein anderer (d.h. nichtärztlicher) Heilberuf i.S.d. Norm ist der Beruf des Krankengymnasten[35]. Die Einschränkung der Bundeskompetenz auf die Zulassung, d.h. die Gestattung zur Berufsaufnahme, ist „wortgetreu“[36] auszulegen. Berufsausübungregelungen fallen deshalb nicht unter Art. 74 Nr. 19 GG. Es ist freilich allgemein anerkannt, daß Zulassungsregelungen sich auch auf Zeiträume beziehen können, die der eigentlichen Zulassung vorausgehen.[37] So kann z.B. eine der Zulassung vorgeschaltete Prüfung geregelt werden.[38]

Für die Regelung des der Zulassung vorausgehenden Ausbildungswesen kann sich der Bund freilich nur in eingeschränktem Maße auf den Kompetenztitel des Art. 74 Nr. 19 GG berufen.[39]

Nach herrschender und zutreffender Meinung gehört zur Zulassung die Regelung ihrer Voraussetzungen und damit auch der Mindestanforderungen an die theoretische und praktische Ausbildung.[40] Dem Bundesgesetzgeber steht es also nach Art. 74 Nr. 19 GG offen, für die dort genannten Berufe spezifische Ausbildungswege festzulegen; er darf allerdings die Zulassungsvoraussetzungen für die Berufsaufnahme nicht so gestalten,

---

[35] Siehe *Maunz*, in: *Maunz / Dürig*, GG, Art. 74 Rdnr. 219, *v. Münch*, in ders., GGK, Art. 74 Rdnr. 86.

[36] BVerfGE 4, 74 (83), 7, 18 (25); 17, 287 (292), 33, 125 (154 f.).

[37] Siehe *Maunz*, in: *Maunz / Dürig*, GG, Art. 74 Rdnr. 217; *v. Münch*, in ders., GGK, Art. 74 Rdnr. 85 m.w.N.

[38] Siehe *Maunz* und *v. Münch*, ebda.

[39] *Lerche*, DVBl. 1981, 609 (611) weist zu Recht darauf hin, daß das „Ausbildungswesen“ in Art. 74 Nr. 19 GG eben nicht genannt ist.

[40] Siehe *v. Münch*, in *ders.*, GGK, Art. 74 Rdnr. 85; *Lerche*, DVBl. 1981, 609 (611); *Isensee*, Kirchenautonomie, S. 35; in diesem Sinne wohl auch *Maunz*, in: *Maunz / Dürig*, GG, Art. 74 Rdnr. 217; vgl. ferner *Dodenhoff*, DVBl. 1980, 897 (898), der für eine extensive Auslegung des Art. 74 Nr. 19 GG eintritt.

daß er auf die Substanz des allgemeinen Ausbildungswesens selbst einwirkt (z.B. durch Festlegung der näheren Schulorganisation).[41]

Die Regelung des § 10 MKG-Entwurf hält sich in diesem aufgezeigten Rahmen. Sie beschränkt sich darauf, den Lehrgang mit integrierter praktischer Ausbildung als Voraussetzung für den Zugang zu einer Berufstätigkeit unter der Bezeichnung „Krankengymnast“ vorzuschreiben. Nähere Bestimmungen über die Anforderungen an die staatlich anerkannten Schulen für Krankengymnastik, die diese Ausbildung vermitteln sollen, werden durch § 10 MKG-Entwurf nicht getroffen.

Die in § 10 MKG getroffene Entscheidung über den Ausbildungsweg für den Beruf des Krankengymnasten läßt sich somit dem Sachgebiet „Zulassung zu ärztlichen und anderen Heilberufen“ (Art. 74 Nr. 19 GG) zuordnen.

Im Bereich des Art. 74 GG hat der Bund ein Gesetzgebungsrecht, wenn ein Bedürfnis nach bundesgesetzlicher Regelung i.S.d. Art. 72 Abs. 2 GG besteht. In Betracht kommt insoweit Art. 72 Abs. 2 Nr. 3 GG. Die in dieser Bestimmung genannten Rechtsbegriffe (z.B. Wahrung der Rechts- oder Wirtschaftseinheit) sind „jedoch so unbestimmt, daß ihre Konkretisierung weitgehend darüber entscheidet, ob zu ihrer Erreichung ein Bundesgesetz erforderlich ist.“[42] Das Bundesverfassungsgericht beschränkt sich deshalb auf die Prüfung, ob der Bundesgesetzgeber diese Begriffe „im Prinzip zutreffend ausgelegt und sich in dem dadurch bezeichneten Rahmen gehalten hat“.[43]

Die von § 10 MKG-Entwurf geregelte Materie ist schon bisher durch Bundesgesetz einheitlich geregelt. Die vorgesehene Neuregelung knüpft an dieser schon bestehenden Rechts- und Wirtschaftseinheit an und beabsichtigt, die Einheitlichkeit der Ausbildungsverhältnisse in den betroffenen Berufen beizubehalten.[44] Bei dieser Sachlage ist nicht zu bezweifeln, daß der Bundesgesetzgeber den Begriff „Wahrung der Rechts- oder Wirtschaftseinheit“ im Prinzip zutreffend ausgelegt hat.

Der Bund ist also gemäß Art. 74 Nr. 19 GG i.V.m. Art. 72 Abs. 2 Nr. 3 GG zum Erlaß des § 10 MKG-Entwurf befugt.

---

[41] Siehe *Lerche*, DVBl. 1981, 609 (610 f.).

[42] BVerfGE 13, 230 (234).

[43] BVerfG ebda.; kritisch hierzu *Maunz*, in: *Maunz / Dürig*, GG, Art. 72, Rdnr. 19.

[44] Siehe die amtliche Begründung, S. 12 der in Fn. 23 genannten Anlage.

E. Die Vereinbarkeit des § 10 MKG-Entwurf mit Art. 7 Abs. 4 Satz 1 GG

I. Der Inhalt des Art. 7 Abs. 4 Satz 1 GG

1. Das Grundrecht

Art. 7 Abs. 4 Satz 1 GG enthält nach allgemeiner Auffassung in Rechtsprechung[45] und Literatur[46] zunächst einmal ein Grundrecht i.S. eines „klassischen Freiheitsrechtes". Jedermann[47] hat das Recht, Schulen zu gründen, zu betreiben und sie gegebenenfalls wieder aufzulösen.[48] Der Ausdruck „Errichtung" ist weit auszulegen, so daß das Grundrecht die private Schule in allen „Lebensphasen" schützt.[49]

Das Grundrecht umfaßt insbesondere die freie Entscheidung über die Gestaltung des Unterrichts, das Recht auf freie Lehrerwahl und das Recht auf freie Schülerwahl.[50]

---

[45] Siehe BVerfGE 27, 195 (200); 75, 40 (61 f.); BVerwGE 23, 347 (348); 27, 360 (362); 70, 290 (293); BVerwG NVwZ 1988, 930 (931); BayVerfGH NVwZ 1985, 481 (482); BayVGH BayVBl. 1986, 494 (496).

[46] *Maunz*, in: *Maunz / Dürig*, GG, Art. 7 Rdnr. 64; *Hemmrich*, in *v. Münch*, GGK, Art. 7 Rdnr. 31; *v. Mangoldt / Klein*, GG, Art. 7 Anm. V1; *Schmidt - Bleibtreu / Klein*, GG, Art. 7 Rdnr. 15, *Stern*, Staatsrecht, 68 IV 3c (S. 801) m.w.N.

[47] Das Grundrecht des Art. 7 Abs. 4 Satz 1 GG steht zweifellos auch Ausländern zu; siehe hierzu nur *Hemmrich*, in: *v. Münch*, GGK, Art. 7 Rdnr. 31, 33. In BVerwGE 23, 347 (348) drückt sich das BVerwG allerdings zumindest mißverständlich aus, wenn es den „Staatsbürger" als Grundrechtsberechtigten nennt.

[48] Siehe *Maunz*, in: *Maunz / Dürig*, GG, Art. 7 Rdnr. 66.

[49] Siehe BVerwGE 23, 347 (348); *Hemmrich*, in: *v. Münch*, GGK, Art. 7 Rdnr. 34; *Müller*, Recht der Freien Schule, S. 96; *Stern*, Staatsrecht, 68 IV 3c (S. 800); *Heckel*, Privatschulrecht, S. 229 f.; *Vogel*, DVBl. 1985, 1214 (1216).

[50] *Maunz*, in: *Maunz / Dürig*, GG, Art. 7 Rdnr. 66; vgl. ferner BVerfGE 75, 40 (61 f.).

2. Die institutionelle Garantie

Die Bedeutung des Art. 7 Abs. 4 Satz 1 GG erschöpft sich indessen nicht in der Anerkennung eines subjektiv-öffentlichen Rechts auf Errichtung privater Schulen. Nach nahezu einhelliger Auffassung in Rechtsprechung und Literatur garantiert diese Verfassungsbestimmung zugleich die Privatschule als Institution.[51] Schon im Konkordatsurteil vom 26. März 1957 hatte das Bundesverfassungsgericht diese *institutionelle Garantie*[52] des Privatschulwesens anerkannt.[53] Den vorläufigen Schlußpunkt der bisherigen bundesverfassungsgerichtlichen Judikatur zu dieser objektiv-rechtlichen Gewährleistung des Art. 7 Abs. 4 Satz 1 GG bildet das am 8. April 1987 verkündete Urteil zum Hamburger Privatschulgesetz. Die institutionelle Garantie der Privatschule wird dort folgendermaßen umschrieben:

> „Die Garantie der Privatschule als Institution sichert dieser verfassungskräftig ihren Bestand und eine ihrer Eigenart entsprechende Verwirklichung. Kennzeichnend für die Privatschule ist, daß in ihr ein eigenverantwortlich geprägter und gestalteter Unterricht erteilt wird, insbesondere im Hinblick auf die Erziehungsziele, die weltanschauliche Basis, die Lehrmethode und die Lehrinhalte. Die darin zum Ausdruck kommende Absage an ein staatliches Schulmonopol enthält zugleich eine der freiheitlich demokratischen Grundordnung entsprechende Entscheidung gegen eine Benachteiligung gleichwertiger Ersatzschulen im Verhältnis zu staatlichen Schulen allein wegen ihrer andersartigen Erziehungsformen und -inhalte ..."[54]

---

[51] BVerfGE 6, 309 (355); 27, 195 (200 f.); 75, 40 (61 f.); BVerwGE 27, 360 (362); 70, 290 (292), BVerwG NVwZ 1988, 930 (931); BayVerfG NVwZ 1985, 481 (482); BayVGH BayVBl. 1986, 494 (496); OVG Münster NVwZ 1982, 572 (573 f.); *Maunz*, in: *Maunz / Dürig*, GG, Art. 7 Rdnr. 66; *Hemmrich*, in: *v. Münch*, GGK, Art. 7 Rdnr. 31; *Heckel / Avenarius*, Schulrechtskunde, S. 145; *Stern*, Staatsrecht, 68 IV 3c (S. 802); a.A. *Ossenbühl*, NJW 1976, 2100 (2103).

[52] Vereinzelt wird die in Art. 7 Abs. 4 Satz 1 enthaltene Einrichtungsgarantie auch als „Institutsgarantie" angesprochen (siehe z.B. OVG Münster NVwZ 1982, 572 [574]. Nach *Bernhard*, DVBl. 1983, 299 (302) hat die Privatschulgarantie eine Stellung zwischen Instituts- und institutioneller Garantie. Die Unterscheidung zwischen den beiden Formen der Einrichtungsgarantie (vgl. dazu *Stern*, Staatsrecht, 68 II 4 c (S. 791) ist für die vorliegende Untersuchung ohne Bedeutung. Im folgenden wird die Privatschulgarantie entsprechend dem üblichen Sprachgebrauch (siehe z.B. BVerfGE 75, 40 [65] als institutionelle Garantie bezeichnet.

[53] BVerfGE 6, 309 (355).

[54] BVerfGE 75, 40 (61 f.).

3. Die Schutz- und Förderpflicht

Das Bundesverfassungsgericht begnügt sich in dem zitierten Urteil nicht damit, Art. 7 Abs. 4 GG in seiner Doppelnatur als Grundrecht und als institutionelle Garantie zu interpretieren, wie dies vor Erlaß dieses Urteils allgemein üblich war. Es leitet aus Art. 7 Abs. 4 GG als dritte Rechtsfigur[55] eine Schutz- und Förderpflicht des Gesetzgebers für einen Teil des Privatschulwesens ab:

> „Mit der Anerkennung der Gründungsfreiheit und der institutionellen Garantie der Privatschule ist der Inhalt des Art. 7 Abs. 4 GG jedoch nicht vollständig erfaßt. Dieses Grundrecht legt den für die Schulgesetzgebung ausschließlich zuständigen Ländern darüber hinaus die Pflicht auf, das private Ersatzschulwesen neben dem öffentlichen Schulwesen zu fördern und in seinem Bestand zu schützen. Dies ergibt sich aus der Bedeutung der Gewährleistung sowie aus ihrer besonderen Ausgestaltung in den Sätzen 2 bis 4, mit der das Grundgesetz selbst Voraussetzungen normiert, ohne deren Erfüllung von dem Grundrecht kein Gebrauch gemacht werden kann. Eine vergleichbare sozialstaatliche Einstandspflicht gilt für die übrigen Privatschulen (Ergänzungsschulen) nicht, weil für sie die Genehmigungsvoraussetzungen des Art. 7 Abs. 4 Sätze 3 und 4 GG nicht gelten …
>
> Der Staat darf sich aber nicht darauf zurückziehen, die Tätigkeit der privaten Ersatzschulen lediglich zuzulassen. Vielmehr muß er ihnen die Möglichkeit geben, sich ihrer Eigenart entsprechend zu verwirklichen. Ohne Selbstbestimmung im schulischen Wirkungsbereich bleibt das Recht zur Errichtung von privaten Ersatzschulen inhaltslos. Unter den von der Verfassung vorgegebenen Bedingungen ist eine solche Selbstbestimmung ohne staatlichen Beistand nicht möglich. … Soll Art. 7 Abs. 4 Satz 1 GG nicht zu einem wertlosen Individualgrundrecht auf Gründung existenzunfähiger Ersatzschulen und zu einer nutzlosen institutionellen Garantie verkümmern, so muß diese Verfassungsnorm zugleich als eine Verpflichtung des Gesetzgebers verstanden werden, die privaten Ersatzschulen zu schützen und zu fördern."[56]

4. Vergleichende Schlußbetrachtung

Unter Berücksichtigung der soeben zitierten Ausführungen des Bundesverfassungsgerichts, die in Rechtsprechung und Literatur überwie-

---

[55] So auch *Jeand'Heur*, Methodische Analyse, freiheitsrechtliche und leistungsrechtliche Konsequenzen des Finanzhilfe-Urteils, in: *Müller* (Hrsg.), Zukunftsperspektiven, S. 67-113 (70), der „drei inhaltliche Komponenten" in der Interpretation des Gerichts feststellt.

[56] BVerfGE 75, 40 (62 f., 65).

gend positiv aufgenommen wurden,[57] lassen sich die von Art. 7 Abs. 4 vermittelten Gewährleistungen folgendermaßen zusammenfassen: Das Grundrecht des Art. 7 Abs. 1 Satz 1 GG schützt die einzelne Privatschule vor staatlichen Eingriffen in ihren Betrieb, die nicht den in Art. 7 ebenfalls enthaltenen Grundrechtsschranken entsprechen.[58] Die institutionelle Garantie der Privatschule bezieht sich nicht auf die einzelne Schule, sondern auf das Privatschulwesen als solches. Sie schützt das Privatschulwesen nur in einem Kernbereich, nämlich in bezug auf seinen Bestand und seine Identität. Der Art. 7 Abs. 4 zugrunde liegende Zweck, die „Freiheit im Schulwesen (zu) verwirklichen“,[59] wird schließlich für einen Teil des Privatschulwesens durch eine dritte Gewährleistung abgerundet. Die vom Bundesverfassungsgericht entwickelte Schutz- und Förderpflicht für das Ersatzschulwesen bewirkt einen erhöhten Bestandsschutz dieser Einrichtung. Dieser Schutz geht insofern über die Gewährleistung durch die institutionelle Garantie hinaus, als der Staat sich nicht nur einer Abschaffung der Einrichtung oder einer Aushöhlung ihrer typusbestimmenden Merkmale[60] enthalten muß, sondern er außerdem verpflichtet ist, durch positives Handeln den Erhalt der Einrichtung zu sichern. Die staatliche Schutz- und Förderpflicht dient nicht nur dazu, vorangegangenes staatliches Handeln zu Lasten des Ersatzschulwesens auszugleichen;[61] sie richtet sich außerdem gegen Gefährdungen der Institution Ersatzschule, die durch das Verhalten Privater hervorgerufen werden.

Mit der Anerkennung dieser Schutz- und Förderpflicht für das Ersatzschulwesen akzentuierte das Bundesverfassungsgericht erneut die seit dem Urteil zur Fristenlösung[62] in ständiger Rechtsprechung[63] vertretene Auslegung, Grundrechte nicht nur in ihrer Funktion als Abwehrrechte gegen staatliche Eingriffe zu verstehen, sondern sie auch i.S. einer objektiv-rechtlichen staatlichen Pflicht zum Schutz und zur Förderung der in

---

[57] Siehe BVerwG NVwZ 1988, 930 (931); BVerwG NVwZ-RR 1988, 22 (23); *Eiselt*, DÖV 1987, 557 (561 ff.); *Jeand'Heur*, Methodische Analyse, freiheitsrechtliche und leistungsrechtliche Konsequenzendes Finanzhilfe-Urteils, in: *Müller* (Hrsg.), Zukunftsperspektiven, S. 67 - 119; kritisch: *Berkemann*, RdJB 1987, 397 ff.

[58] Siehe dazu unten S. 47 ff.

[59] BVerfGE 27, 195 (200).

[60] Dies ist der gemeinsame Grundgedanke aller Einrichtungsgarantien, siehe *Stern*, Staatsrecht, § 68 VI 3 a (S. 855).

[61] BVerfGE 75, 40 (66).

[62] BVerfGE 39, 1 (41).

[63] BVerfGE 46, 160 (164); 48, 89 (141 f.); 53, 30 (57); 56, 54 (73).

einem Grundrecht genannten Rechtsgüter vor privaten Übergriffen zu begreifen.

Das Bundesverfassungsgericht äußerte sich im Urteil zum Hamburger Privatschulgesetz nicht zu der Frage, ob der objektiv-rechtlichen Schutz- und Förderpflicht für das Ersatzschulwesen ein entsprechender Anspruch auf Finanzhilfe für den einzelnen notleidenden Ersatzschulträger korrespondiert.[64] Unter Aufgabe seiner bisherigen ständigen Rechtsprechung[65] hat das Bundesverwaltungsgericht nunmehr festgestellt, ein *verfassungsunmittelbarer Leistungsanspruch* eines Ersatzschulträgers auf Gewährung von Finanzhilfen bestehe nicht.[66] Damit wird jedoch keineswegs jegliche subjektive Komponente der objektiv-rechtlichen Schutz- und Förderpflicht geleugnet. Diese Schutz- und Förderpflicht erschöpft sich, so das Gericht,[67]

> „nicht in einem Gesetzgebungsauftrag des Grundgesetzes an die Länder, von dem der einzelne Ersatzschulträger nur in der Form des Rechtsreflexes ohne eigene Berechtigung betroffen wäre. Sie begünstigt vielmehr zugleich den Ersatzschulträger in seiner grundrechtlichen Position. Dem Ersatzschulträger kommt aus Art. 7 IV GG das Recht zu, am staatlichen Schutz durch materielle Hilfen beteiligt zu werden, die es ermöglichen, die Institution des Ersatzschulwesens lebensfähig zu erhalten. Sein eigenes Interesse daran, daß dem Ersatzschulwesen diejenige staatliche Hilfe zugeteilt wird, die es zu seiner Erhaltung als Institution benötigt, ist grundrechtlich geschützt.“

Der Grundrechtsberechtigte ist also nach dieser Entscheidung berechtigt, vom Staat die Beachtung der Schutz- und Förderpflichten einzufordern. Dieses „formelle Leistungsgrundrecht“[68] verdichtet sich allerdings

---

[64] In einem obiter dictum sprach es lediglich aus, die Ableitung eines Subventionsanspruchs aus Art. 7 Abs. 4 GG sei nicht offensichtlich unhaltbar (BVerfGE 75, 40 [55]). Vgl. aber *Eiselt*, DÖV 1987, 557 (562), der in dem Urteil eine Absage an die unmittelbaren Subventionsansprüche der (bisherigen) Rechtsprechung des BVerwG sieht. Diese Einschätzung wird zu Recht von *Stern*, Staatsrecht, § 68 IV 3 c (S. 803, Fn. 253) kritisiert.

[65] BVerwGE 23, 347 (359); 27, 360 (362 f.); zuletzt BVerwGE 70, 290 (292).

[66] BVerwG NVwZ 1988, 930 (931). A.a.O. heißt es zwar „verfassungsmittelbarer Leistungsanspruch“, gemeint ist aber zweifellos „verfassungsunmittelbarer Leistungsanspruch“.

[67] BVerwG NVwZ 1988, 930 (931).

[68] Siehe *Stern*, Staatsrecht § 69 VI 4 c (S. 992), der analog der im Verwaltungsrecht geläufigen Unterscheidung zwischen dem materiellen Recht auf ein bestimmtes Handeln und dem formellen Recht auf ein ermessensfehlerfreies Handeln hinsichtlich der Frage der Subjektivierbarkeit objektiv-rechtlicher

nicht auf ein subjektives Recht auf ein bestimmtes Handeln („materielles Leistungsgrundrecht"), weil es „Sache des Gesetzgebers ist, Art und Maß der nötigen Förderung näher zu bestimmen".[69]

Diese beschränkte Bejahung einer subjektiven Komponente der objektiv-rechtlichen Schutz- und Förderpflicht berücksichtigt einerseits den Umstand, daß objektivrechtliche Grundrechtsgehalte ihrem Grundgedanken nach der prinzipiellen Verstärkung der Geltungskraft der Grundrechte dienen sollen[70] und trägt andererseits den sich aus dem Gewaltenteilungsgrundsatz ergebenden Bedenken (Gefahr einer Verschiebung der Gewichtsverhältnisse zu lasten der Legislative und der Exekutive[71]) gegen einer Subjektivierung des objektiv-rechtlichen Schutz- und Fördergebots in hinreichendem Maße Rechnung.

Mit dem Bundesverwaltungsgericht ist also davon auszugehen, daß dem einzelnen Ersatzschulträger aus der objektiv-rechtlichen Schutz- und Förderpflicht für das Ersatzschulwesen ein formelles Leistungsgrundrecht erwächst.

Der einzelne Ersatzschulträger kann somit die Verletzung des Schutz- und Förderungsgebots mittels einer Verfassungsbeschwerde rügen.[72]

Subjektiv-rechtliche Qualität kommt auch der institutionellen Garantie der Privatschule zu. Die in Grundrechtsnormen verbürgten Einrichtungsgarantien sollen den subjektiven Grundrechtsgehalt stärken. Sie haben deshalb teil an der subjektiv-rechtlichen Qualität und gewähren dem Grundrechtsberechtigten ein Recht auf Einhaltung der aus der Einrichtungsgarantie folgenden Gebote durch den Staat.[73]

Im Verfassungsbeschwerdeverfahren kann der einzelne Privatschulträger somit nicht nur die Beeinträchtigung des ihm zustehenden Freiheitsrechts, sondern auch die Verletzung der institutionellen Garantie vortragen.[74]

Grundrechtsgehalte von formellen und materiellen Leistungsgrundrechten spricht.

[69] So das BVerwG NVwZ 1988, 930 (931); auf gleicher Linie BVerfGE 75, 40 (66 f.).

[70] Siehe dazu *Stern*, Staatsrecht, § 69 II 3 (S. 918); vgl. ferner BVerfGE 7, 198 (205).

[71] Siehe *Stern*, Staatsrecht, § 69 VI 4 b (S. 988 f.).

[72] Im Ergebnis ebenso *Jeand'Heur*, Methodische Analyse, freiheitsrechtliche und leistungsrechtliche Konsequenzen des Finanzhilfe-Urteils, in: *Müller* (Hrsg.), Zukunftsperspektiven, S. 67 - 113 (107).

[73] Siehe *Stern*, Staatsrecht, § 68 VI 5 d (S. 873) m.w.N. in Fn. 608

II. Die Grundrechtsberechtigung

Alle natürlichen Personen sowie gemäß Art. 19 Abs. 3 GG auch alle juristischen Personen können Träger des in Art. 7 Abs. 4 Satz 1 GG verbürgten Grundrechts sein.[75] Im übrigen ist für die Privatschulfreiheit streitig, ob und gegebenenfalls unter welchen Voraussetzungen juristische Personen des öffentlichen Rechts sich auf dieses Grundrecht berufen können.[76] Für die Zwecke dieser Untersuchung, die sich in erster Linie auf den Grundrechtsschutz privater Lehranstalten für Krankengymnastik bezieht, genügt die Feststellung, daß jedenfalls die natürlichen Personen und die juristischen Personen des Privatrechts, die Krankengymnastikschulen betreiben, zum Kreis der Grundrechtsberechtigten nach Art. 7 Abs. 4 Satz 1 GG zu rechnen sind.

III. Die Lehranstalten für Krankengymnastik als Schulen

Die Neuordnung der Krankengymnastenausbildung durch den MKG-Entwurf kann nur dann in Widerspruch zur Privatschulgarantie des Art. 7 Abs. 4 GG stehen, wenn die bestehenden Ausbildungsstätten für Krankengymnasten zu den „Schulen" im Rechtssinne zu zählen sind.

Nach der allgemein anerkannten Definition[77] von *Heckel* ist Schule „eine auf gewisse Dauer berechnete, an fester Stelle unabhängig vom Wechsel der Lehrer und Schüler in überlieferten Formen organisierte Einrichtung der Erziehung und des Unterrichts, die durch planmäßige und methodische Unterweisung eines größeren Personenkreises in einer Mehrzahl allgemeinbildender oder berufsbildender Fächer bestimmte Bildungs- und Erziehungsziele zu verwirklichen bestrebt ist, und die nach

---

[74] Für den Privatschulträger, der eine Ersatzschule betreibt, besteht außerdem noch die Möglichkeit, die Einhaltung der Schutz- und Förderpflicht für das Ersatzschulwesen verfassungsgerichtlich überprüfen zu lassen; vgl. Text zu Fn. 71.

[75] Allg. Ansicht: *Maunz*, in: *Maunz / Dürig*, GG, Art. 7 Rdnr. 70; *Hemmrich*, in: *v. Münch*, GGK, Art. 7 Rdnr. 31; *Heckel*, Privatschulrecht, S. 228; *Vogel*, Recht der Bildung, BEFT Ordz. 22.2.1.2., S. 4; mißverständlich allerdings BVerwGE 23, 247 (348).

[76] Diese Fragestellung ist Teil des allgemeinen Problems der Grundrechtsfähigkeit juristischer Personen des öffentlichen Rechts; siehe dazu *Dürig*, in: *Maunz / Dürig*, GG, Art. 19 Abs. 3 Rdnr. 33 - 56; speziell zur Privatschulfreiheit siehe *Müller*, Recht der Freien Schule, S. 56 ff. m.w.N.

[77] Siehe BVerfGE 75, 40 (77); *Maunz*, in *Maunz / Dürig*, GG Art. 7 Rdnr. 9; *Hemmrich*, in *v. Münch*, GGK, Art. 7 Rdnr. 4, *Vogel*, Recht der Schulen, S. 21.

Sprachsinn und allgemeiner Auffassung als Schule angesehen wird".[78] Auf die Bezeichnung als „Schule" kommt es dabei nicht an.[79]

Im Sinne dieser Definition sind die Lehranstalten für Krankengymnastik schulmäßig organisiert. Über insgesamt zwei Jahre wird der Unterricht in Klassen in Vollzeitform erteilt. Die Schüler werden in insgesamt 12 berufsbildenden Fächern unterwiesen[80] und auf die staatliche Abschlußprüfung vorbereitet. Durch diese typisch schulischen Merkmale unterscheiden sich die „Lehrgänge" in der Krankengymnastik von den Lehrgängen oder Kursen, die von sog. *freien Unterrichtseinrichtungen* angeboten werden.[81] In den Unterrichtsveranstaltungen dieser „Nicht-Schulen" werden in vergleichsweise kurzbemessenen Zeiträumen nur Kenntnisse oder Fertigkeiten auf einzelnen Fachgebieten vermittelt; die freien Unterrichtseinrichtungen verfolgen ferner keine Bildungs- oder Erziehungsziele.

Die Einstufung der Lehranstalten für Krankengymnastik als Schulen im Rechtssinne erfordert weiterhin, daß diese Unterrichtseinrichtungen nach „allgemeiner Auffassung" als Schulen angesehen werden. Dies soll im folgenden untersucht werden. Zweifel am Vorliegen dieses Begriffsmerkmal könnten sich aus der Schulgesetzgebung der Länder ergeben, die überwiegend Ausbildungsstätten für nichtärztliche Berufe des Gesundheitswesen aus dem Anwendungsbereich ihrer Schulgesetze ausdrücklich ausgeklammert haben. Ein Blick auf diese die Lehranstalten für Krankengymnastik betreffenden Regelungen der Länder[82] ergibt folgendes Bild:

- In bezug auf den Anwendungsbereich schulrechtlicher Regelungen auf Lehranstalten für Krankengymnastik unterscheidet der baden-württembergische Gesetzgeber zwischen privaten und öffentlichen Schulen. Während das für öffentliche Schulen geltende Schulgesetz für Baden-Württemberg[83] in seinem § 2 Abs. 3 die „Schulen für Berufe des Ge-

---

[78] *Heckel*, Privatschulrecht, S. 218.

[79] *Heckel / Avenarius*, Schulrechtskunde, S. 5; *Vogel*, Recht der Schulen, S. 21; *Niehues*, Schul- und Prüfungsrecht, Rdnr. 8.

[80] Siehe den als „Richtlinie" zu berücksichtigenden Lehrplan in Anlage 1 zur APrO.

[81] Siehe dazu *Heckel / Avenarius*, Schulrechtskunde, S. 156 f.

[82] Das MBKG des Bundes enthält keine Aussage über die Schulqualität der Lehranstalten.

[83] I.d.F. v. 1. 8. 1983 (GBl. S. 397); zuletzt geändert durch Gesetz v. 22. 2. 1988 (GBl. S. 53).

sundheitswesens" (mit Ausnahme der PTA-Schulen) generell von seiner Geltung ausnimmt, enthält das Privatschulgesetz[84] keine Ausschlußklausel für diese Ausbildungsstätten. Private Ausbildungsstätten, die nicht mit Krankenhäusern verbunden sind, können nach § 17 Abs. 4 Nr. 5 des Privatschulgesetzes staatliche Finanzhilfen erhalten.

- In Bayern sind die Lehranstalten für Krankengymnastik als Schulen unter Zuordnung zur Schulart „Berufsfachschule" anerkannt.[85] Art. 93 Abs. 1 Satz 1 BayEUG[86] läßt allerdings für „Schulen des Gesundheitswesens" in bestimmtem Umfang Abweichungen vom Schulrecht zu, „soweit dies im Hinblick auf Bundesrecht über die Zulassung zu nichtärztlichen Heilberufen oder wegen der Verbindung der Schule mit einer Einrichtung, die anderen als Unterrichtszwecken dient, oder zur Wahrung des Wohls von Patienten und anderen Pflegebefohlenen erforderlich ist."
- In Berlin ist für Lehranstalten für Krankengymnastik das „Gesetz über die Lehranstalten für Medizinalhilfspersonen" vom 14. Juli 1964[87] einschlägig. Nach § 6 Abs. 1 dieses Gesetzes findet das Schulgesetz für Berlin und das Privatschulgesetz keine Anwendung auf solche Lehranstalten.
- In Bremen gelten – ähnlich der Regelung in Baden-Württemberg – sachlich abweichende Bestimmungen für öffentliche und private Lehranstalten für Krankengymnastik. Nach § 1 Abs. 1 Satz 3 Nr. 4 des Bremischen Schulgesetzes (BremSchulG)[88] sind die „Schulen und Lehranstalten für nichtärztliche Heilberufe" keine öffentlichen Schulen i. S. d. Gesetzes. Soweit das BremSchulG außer für öffentliche auch für Ersatzschulen gilt, sind die Ausbildungsstätten für nichtärztliche Heilberufe ebenfalls ausgenommen. Das Privatschulgesetz[89] Bremens bean-

---

[84] Gesetz für die Schulen in freier Trägerschaft (Privatschulgesetz) v. 19. 7. 1979 (GBl. S. 314), zuletzt geändert durch Gesetz vom 15. 6. 1987 (GBl. S. 189).

[85] Siehe *Falckenberg / Schiedermair / Amberg*, BayEUG, Art. 93 Erl. 3 sowie *Brenner*, Rechtskunde, S. 212.

[86] Bayerisches Gesetz über das Erziehungs- und Unterrichtswesen vom 29. 2. 1988 (GVBl. S. 62).

[87] GVBl. S. 739, geändert durch Gesetz vom 14. 12. 1972 (GVBl. S. 2293). Siehe ferner die Verordnung zur Durchführung des Gesetzes über die Lehranstalten für Medizinalhilfspersonen v. 19. 7. 1965 (GVBl. S. 913), zuletzt geändert durch VO v. 26. 6. 1973 (GVBl. S. 1019).

[88] BremSchulG v. 18. 2. 1975 i.d.F. vom 8. 7. 1986 (GBl. S. 137).

sprucht dagegen Geltung auch für Lehranstalten für Krankengymnastik. Dies ergibt sich einmal daraus, daß eine Ausschlußklausel für Ausbildungsstätten für nichtärztliche Heilberufe fehlt und zum anderen aus der u.a. auf Lehranstalten für Krankengymnastik zugeschnittenen Regelung des § 22 Abs. 4 Privatschulgesetz, der „Träger von Privatschulen, die aufgrund anderer gesetzliche Bestimmungen als Ausbildungsstätten für bestimmte Spezialberufe errichtet worden sind oder errichtet werden sollen", vom Erfordernis einer Ersatzschulgenehmigung befreit.

- Weder das Schulgesetz[90] noch das Privatschulgesetz[91] Hamburgs enthalten Regelungen über Ausbildungsstätten für nichtärztliche Heilberufe.
- In Hessen sind die Lehranstalten für Krankengymnastik zum Teil in den Geltungsbereich schulrechtlicher Normen einbezogen. So sind „Ausbildungsstätten für nichtärzliches Fachpersonal im Gesundheitswesen", die in öffentlich-rechtlicher Trägerschaft stehen, zwar öffentliche Schulen i.S.d. „Gesetzes über Unterrichtsgeld- und Lernmittelfreiheit und Erziehungsbeihilfen"[92] (§ 6 Abs. 3 Nr. 1), nicht aber öffentliche Schulen i.S.d. Schulverwaltungsgesetzes.[93] Im hessischen Privatschulgesetz[94] werden zwar private Ausbildungsstätten für nichtärztliches Fachpersonal nicht erwähnt. Nach § 12 Abs. 2 des Ersatzschulfinanzierungsgesetzes[95] können solchen Ausbildungsstätten aber Finanzzuwendungen gewährt werden.

---

89 Gesetz über das Privatschulwesen und den Privatunterricht (Privatschulgesetz) vom 3. 7. 1956 i.d.F. v. 9. 10. 1985 (GBl. S. 201).

90 Schulgesetz der Freien und Hansestadt Hamburg vom 17. 10. 1977, GVBl. S. 297; zuletzt geändert durch Gesetz v. 18. 6. 1985 (GVBl. S. 143).

91 Privatschulgesetz der Freien und Hansestadt Hamburg v. 12. 12. 1977, GVBl. S. 389, GVBl. 1978, S. 62, geändert durch Gesetz v. 12. 3. 84, GVBl. S. 61.

92 Gesetz vom 28. 6. 1961 (GVBl. S. 100) i.d.F. vom 26. 1. 1982 (GVBl. I S. 49), geändert durch Gesetz vom 28. 8. 1986, GVBl. I S. 293.

93 Gesetz über die Unterhaltung und Verwaltung der öffentlichen Schulen und die Schulaufsicht (SchulverwaltungG) vom 28. 6. 1961 (GVBl. S. 87), i.d.F. vom 4. 4. 1978 (GVBl. S. 232); zuletzt geändert durch Gesetz vom 2. 6. 1987 (GVBl. I. S. 87).

94 Gesetz vom 27. 4. 1953 (GVBl. S. 57), zuletzt geändert durch Gesetz vom 4. 11. 1987 (GVBl. I, S. 193).

95 Gesetz über die Finanzierung von Ersatzschulen v. 6. 12. 1972 (GVBl. I S. 389; I 1973, S. 90); geändert durch Gesetz vom 28. 8. 1986 (GVBl. I S. 253).

- Das Niedersächsische Schulgesetz (NSchG),[96] das für öffentliche und private Schulen gilt, findet nach § 1 Abs. 5 Satz 1 auf „Schulen für nichtärztliche Heilberufe“ keine Anwendung. Sofern dies der Vereinheitlichung des Schulwesens dient und die erforderlichen personellen und organisatorischen Voraussetzungen vorliegen, *kann* freilich die Anwendbarkeit des NSchG auf derartige Schulen bestimmt werden (§ 1 Abs. 5 Satz 2 NSchG). Für Lehranstalten für Krankengymnastik ist bisher von dieser Möglichkeit kein Gebrauch gemacht worden.[97]
- In Nordrhein-Westfalen sind die „Ausbildungseinrichtungen für Heil- und Heilhilfsberufe“ von der Geltung des Schulverwaltungsgesetzes[98] und des Schulfinanzierungsgesetzes[99] (§ 14 Abs. 2 Satz 1) ausgenommen. Das „Erste Gesetz zur Ordnung des Schulwesens“ v. 8. April 1952,[100] das in den §§ 36 bis 46 das Privatschulwesen regelt, enthält dagegen keine Ausschlußklausel bezüglich der genannten Ausbildungseinrichtungen.
- Die in Rheinland-Pfalz geltenden Schulgesetze[101] nehmen die „Schulen für Heilhilfsberufe“ von ihrer Geltung aus.
- Im Saarland fallen „Schulen für Heil- und Heilhilfsberufe“ ebenfalls nicht unter die Schulgesetze.[102]
- Schließlich findet auch das Schleswig-Holsteinische Schulgesetz[103] auf die „Ausbildung in nichtärztlichen Heilberufen“ keine Anwendung.

---

[96] I.d.F. v. 6. 11. 1980 (GVBl. S. 425), zuletzt geändert durch Gesetz vom 30. 7. 1985 (GVBl. S. 249).

[97] Zu den Gründen siehe *Claassen / Hauer / Klügel / Reinhard,* NSchG, 1 Rdnr. 11.

[98] I.d.F. der Bek. vom 18. 1. 1985 (GVBl. S. 155).

[99] Gesetz über die Finanzierung der öffentlichen Schulen i.d.F. v. 17. 4. 1970 (GVBl. S. 288).

[100] GVBl. S. 61.

[101] Siehe § 110 des Landesgesetzes über die Schulen in Rheinland-Pfalz vom 6. 11. 1974 (GVBl. S. 487) und § 1 Abs. 2 des Landesgesetzes über die Errichtung und Finanzierung von Schulen in freier Trägerschaft i.d.F. vom 4. 9. 1970 (GVBl. S. 372); zuletzt geändert durch Gesetz vom 25. 3. 1988 (GVBl. S. 53, 54).

[102] Siehe § 8 Abs. 2 Nr. 5 des Gesetzes zur Ordnung des Schulwesens im Saarland v. 5. 5. 1965 i.d.F. v. 22. 5. 1985 (ABl. S. 557) und § 1 Abs. 3 des Privatschulgesetzes v. 30. 1. 1962 i.d.F. v. 22. 5. 1985 (ABl. S. 610), zuletzt geändert durch Gesetz v. 22. 6. 1988 (ABl. S. 541, 543).

[103] I.d.F. vom 8. 11. 1979 (GVOBl. S. 255), zuletzt geändert durch Gesetz v. 19. 12. 1983 (GVOBl. S. 458).

Dieser Überblick über die schulrechtliche Behandlung der Ausbildungsstätten für nichtärztliche Heilberufe läßt eine gewisse Zurückhaltung der Landesgesetzgeber hinsichtlich einer Unterstellung dieser Unterrichtseinrichtungen unter das Normengeflecht des Schulrechts deutlich werden. Die in neun Ländern ausdrücklich bestimmte völlige[104] oder teilweise[105] Nichtgeltung des Schulrechts für diese Unterrichtseinrichtungen erklärt sich aus bestimmten sachlichen und rechtlichen Besonderheiten der Ausbildungsgänge, die eine undifferenzierte Übernahme des Schulrechts für solche Unterrichtseinrichtungen ausschließen. Diese Besonderheiten, nämlich bundesrechtliche Ausbildungsvorschriften, die häufig anzutreffende Angliederung der Unterrichtseinrichtungen an Krankenhäuser sowie die Notwendigkeit praktischer Ausbildung am Patienten haben denn auch den bayerischen Gesetzgeber, der den schulischen Charakter dieser Ausbildungsgänge ausdrücklich bejaht, zu einer Sonderregelung für diese Ausbildungsgänge veranlaßt.[106] Die in den anderen Landesschulgesetzen enthaltenen Vorschriften, die eine Geltung dieser Gesetze für Ausbildungsstätten für nichtärztliche Heilberufe ausschließen, sind also nicht im Sinne einer deklaratorischen Feststellung des nichtschulischen Charakters dieser Ausbildungsstätten zu interpretieren.

Dies zeigen in besonderer Deutlichkeit die Schulgesetze in Baden-Württemberg, Bremen und Hessen. Während in diesen Ländern die Anwendung der für öffentliche Schulen geltenden Vorschriften auf Ausbildungsstätten für nichtärztliche Heilberufe ausdrücklich ausgeschlossen ist, fehlt in den jeweiligen Privatschulgesetzen eine entsprechende Ausschlußklausel. Aus einzelnen sachlichen Bestimmungen dieser Privatschulgesetze läßt sich aber schließen, daß diese auf private Ausbildungsstätten für nichtärztliche Heilberufe Anwendung finden.[107]

Die Landesgesetzgeber haben also keine Notwendigkeit für eine besondere Vorschrift über die Anwendbarkeit der betreffenden Privatschulgesetze auf Ausbildungsstätten für nichtärztliche Heilberufe gesehen. Die Aufnahme einer solchen Erweiterungsklausel in bezug auf den sach-

---

[104] Berlin, Rheinland-Pfalz, Saarland, Schleswig-Holstein.

[105] Baden-Württemberg, Bremen, Hessen, Niedersachsen, Nordrhein-Westfalen.

[106] Siehe Art. 93 Abs. 1 Satz 1 BayEUG.

[107] § 17 Abs. 4 des bad.-württ. Privatschulgesetzes, § 22 Abs. 4 des brem. Privatschulgesetzes, § 12 Abs. 2 Satz 1 des hessischen Ersatzschulfinanzierungsgesetzes.

lichen Geltungsbereich des Privatschulgesetzes wäre jedoch angezeigt gewesen, wenn die Gesetzgeber die Schuleigenschaft der Ausbildungsstätten negiert hätten.

Auch der niedersächsische Gesetzgeber bejaht offenbar die Schuleigenschaft der „Schulen für nichtärztliche Heilberufe", wenn er die Möglichkeit, das Niedersächsische Schulgesetz für diese Ausbildungsstätten durch Verordnung in Kraft zu setzen, für den Fall eröffnet, daß dies der *Vereinheitlichung des Schulwesens* dient.[108]

Insgesamt läßt sich also feststellen, daß die Landesgesetzgeber, soweit sie sich unmittelbar oder mittelbar zum Status der Ausbildungsstätten für nichtärztliche Heilberufe geäußert haben, diese Unterrichtseinrichtungen zu den echten Schulen i.S.d. Art. 7 GG zählen.

Mit diesem Ergebnis steht auch die Verwaltungspraxis in den Bundesländern, soweit diese ersichtlich ist, in Einklang. Für Bayern bedarf dies angesichts der eindeutigen Rechtslage keiner näheren Begründung. Das Land Baden-Württemberg hat Lehranstalten für Krankengymnastik die Stellung einer staatlich anerkannten Ergänzungsschule nach dem Privatschulgesetz gewährt[109]. Die Freie und Hansestadt Hamburg ist Träger der *Berufsfachschule* für Krankengymnastik im Allgemeinen Krankenhaus Ochsenzoll.[110]

Die Rechtsprechung stuft die Lehranstalten für Krankengymnastik[111] ebenso wie die Lehranstalten für medizinischtechnische Assistenten[112] als Schulen ein. Für Krankenpflegeschulen haben das BAG[113] und das BSG[114] entschieden, daß die dort vermittelte Ausbildung im Hinblick auf

---

108 § 1 Abs. 5 Satz 2 NSchG.

109 Siehe das Verzeichnis der Krankengymnastikschulen in der Bundesrepublik Deutschland, Jahrbuch Krankengymnastik 1987/88, S. 106 ff.

110 Siehe das Jahrbuch Krankengymnastik 1987/88, S. 109.

111 VGH Baden-Württemberg, B. v. 27. 12. 1984, – 9 S 2731/84 –; OVG Berlin, U. v. 4. 6. 1980, – I B 119.78 –; VG Stuttgart, U. v. 28. 8. 1987, – 10 K 1236/86 –, bestätigt durch VGH Baden-Württemberg, U. v. 27. 2. 1989, – 9 S 1385/88 –.

112 BVerwG, B. v. 26. 1. 1987, – 7 B 152.86 –, BEFT Ordz. 61.1 Nr. 7, S. 51 f.; OVG Nordrhein-Westfalen, U. v. 22. 8. 1986, – 5 A 13/84 –; OVG Nordrhein-Westfalen, U. v. 30. 11. 1979, – V A 17/78 –, BEFT Ordz. 60.9. Nr. 1, S. 1; VGH Baden-Württemberg, U. v. 9. 2. 1983, – 11 S 1270/80 –, BEFT Ordz. 60.2. Nr. 1, S. 1 f.

113 BAGE 28, 269 (273 ff.).

114 BSGE 21, 247 ff.

ihre Eingliederung in den allgemeinen Krankenhausbetrieb und ihre Prägung durch die praktische Arbeit in dieser Einrichtung nicht schulischen, sondern arbeitsrechtlich-betrieblichen Charakter aufweise. In dieser Hinsicht unterscheidet sich die Ausbildung für die Krankenpflegeberufe von der Krankengymnasten- und MTA-Ausbildung, bei der – wie das BSG[115] zutreffend feststellt – der praktische Unterricht im wesentlichen in Form einer schulischen Unterweisung und Belehrung durchgeführt wird. Er mag somit dahinstehen, ob der angeführten Rechtsprechung des BAG und des BSG im übrigen zu folgen ist.[116] Schließlich steht auch die Literatur einmütig auf dem Standpunkt, daß die Lehranstalten für Krankengymnastik Schulen im Rechtssinne sind.[117]

Die Untersuchung hat gezeigt, daß die Lehranstalten für Krankengymnastik nach „allgemeiner Auffassung" als Schulen angesehen werden. Da sie die anderen Begriffsmerkmale einer Schule ebenfalls erfüllen, sind sie Schulen i.S.d. Art. 7 GG.

IV. Öffentliche und private Schulen

Art. 7 GG gliedert das Schulwesen in öffentliche und private Schulen. Die begriffliche Abgrenzung zwischen öffentlichen und privaten Schulen entscheidet darüber, welche Schulen in den Genuß des Grundrechts aus Art. 7 Abs. 4 GG kommen. Da Art. 7 Abs. 4 GG für solche Privatschulen, die als Ersatz für öffentliche Schulen dienen (sog. Ersatzschulen), besondere Regelungen trifft, hat die Unterscheidung zwischen öffentlichen und privaten Schulen auch erhebliche Bedeutung für Inhalt und Grenzen der Privatschulfreiheit des einzelnen Grundrechtsträgers.

Eine allgemein anerkannte Definition des Begriffs „private Schulen" existiert bisher nicht. Ein maßgebliches Kriterium aller Definitionsversuche ist die Trägerschaft der Schule. Dies hat zur Folge, daß die Frage nach den von Art. 7 Abs. 4 GG geschützten privaten Schulen sich mit der Frage nach den möglichen Grundrechtsberechtigten (siehe oben S. 28) überschneidet.

---

115 BSGE 21, 247 (248 f.).

116 Zum Status der Krankenpflegeschulen siehe *Kurtenbach / Golombek / Siebers*, Krankenpflegegesetz, Vorb. zum III. Abschnitt, S. 109 ff. und § 5 S. 95 sowie *Isensee*, DVBl. 1988, 932 (937), *ders.*: DVBl. 1989, 25 (26) und *Larenz*, DVBl. 1989, 23 ff.

117 Siehe: *Vogel*, Recht der Bildung, BEFT Ordz. 22.2.1.2 (S. 4); 23.3.4.2 (S. 7), 23.8 (S. 26); *Larenz*, DVBl. 1989, 23; *Brenner*, Rechtskunde S. 213 f.

1. Formale Abgrenzung

Nach traditionellem Verständnis werden die privaten Schulen negativ von den öffentlichen Schulen her bestimmt, d.h. Privatschulen sind die nichtöffentlichen Schulen. Öffentliche Schulen sind die staatlichen und solche nichtstaatlichen Schulen, die nach Landesrecht als öffentliche Schulen gelten.[118] Nach diesen Grundsätzen, die in § 1 einer Länderver-einbarung vom 10. / 11. August 1951 niedergelegt sind,[119] haben die Länder ihr Schulwesen geordnet. Soweit das jeweilige Land Schulträger ist, sind danach die entsprechenden Schulen öffentliche Schulen.

Im übrigen ist der Begriff der öffentlichen Schulen in den einzelnen Ländern unterschiedlich geregelt.[120] So sind etwa die von den Gemeinden getragenen Schulen in Niedersachsen[121] öffentliche Schulen und in Baden-Württemberg[122] private Schulen.

Diese Abhängigkeit des Privatschulbegriffs von dem Begriff der öffentlichen Schulen und die formale Definition der letzten wird der Privatschulgarantie des Art. 7 Abs. 4 Satz 1 GG nicht gerecht.[123] Die formale Definition der öffentlichen Schulen überläßt es dem Landesgesetzgeber weitgehend, die Reichweite der bundesverfassungrechtlich gewährleisteten Privatschulfreiheit durch entsprechende enge oder weite Definition der öffentlichen Schule zu bestimmen.[124] Anders als etwa im Falle des in Art. 14 GG geschützten Eigentums (vgl. Art. 14 Abs. 1 Satz 2 GG) enthält Art. 7 Abs. 4 S. 1 GG keinen Anhaltspunkt dafür, daß dem einfachen Gesetzgeber die Kompetenz zukommen soll, das grundrechtlich geschützte Objekt in eigener Verantwortung festzulegen. Für die hier einzuordnen-

---

[118] Siehe *Hemmrich*, in: *v. Münch*, GGK, Art. 7 Rdnr. 32; *Heckel*, Privatschulrecht, S. 43 f.

[119] Beschluß der Kultusministerkonferenz vom 10. / 11. 8. 1951, KMK-BeschlS. Nr. 484, abgedruckt auch in BEFT, Ordz. 40.1. S. 12.

[120] Siehe etwa den Überblick bei Vogel, Recht der Bildung, in: BEFT Ordz. 23.2 S. 2.

[121] § 1 Abs. 3 NSchG.

[122] § 1 Abs. 1 und 2 bad.-württ. SchG. Soweit die Gemeinden gemeinsam mit dem Land als Schulträger auftreten, handelt es sich freilich um öffentliche Schulen i.S.d. bad.-württ. SchG

[123] Ebenso *Maunz*, in: *Maunz / Dürig*, GG, Art. 7 Rdnr. 65 f.; *Vogel*, Recht der Bildung, BEFT Ordz. 23.2 S. 3.

[124] Auf die damit verbundene Gefahr einer Aushöhlung der Privatschulfreiheit weisen *Maunz*, in: *Maunz / Dürig*, GG, Art. 7 Rdnr. 65 und *Vogel*, Recht der Bildung, BEFT Ordz. 23.2 S. 3 zu Recht hin.

den Lehranstalten für Krankengymnastik ist die traditionelle Begriffsbestimmung im übrigen auch deshalb nicht tauglich, weil diese Schulen in etlichen Ländern von der Geltung der Schulgesetze ganz oder partiell ausgeschlossen sind und deshalb auch die für „normale“ Schulen geltenden Begriffsbestimmungen auf sie nicht angewandt werden können.[125]

Die in Art. 7 GG genannten öffentlichen und privaten Schulen müssen also nach materiellen Kriterien unterschieden werden.

2. Materielle Abgrenzung

Nach Maunz handelt es sich dann um eine Privatschule, wenn die Schule „aufgrund privater Initiative errichtet wurde und geführt wird, wobei der Träger den Unterrichtsbetrieb, insbesondere im Hinblick auf seine weltanschauliche Basis, auf Erziehungsziele, Lehrstoff und Lehrmethoden selbstverantwortlich gestaltet“.[126] Eine öffentliche Schule liegt dagegen vor, falls die Schule „einen aus der Staatsgewalt abgeleiteten Bildungsauftrag erfüllt“.[127] Diese Begriffsbestimmungen sind in der Rechtsprechung[128] und im schulrechtlichen Schriftum[129] zu Recht positiv aufgenommen worden. Obwohl auch ihnen eine gewisse begriffliche Unschärfe[130] eigen ist, läßt sich doch anhand dieser Formulierungen eine hinreichende Konkretisierung des in Art. 7 GG des genannten Begriffspaars „private“ und „öffentliche“ Schulen vornehmen. Dies zeigt sich etwa bei der Frage, welcher Gruppe die von nichtstaatlichen juristischen Personen des öffentlichen Rechts betriebenen Schulen zuzurechnen sind.[131] Soweit das Errichten und Unterhalten von Schulen in den Aufga-

---

[125] Vgl. VG Stuttgart, U. v. 28. 8. 1987 – 10 K 1236/86 –, UA. S. 7.

[126] *Maunz*, in: *Maunz / Dürig*, GG, Art. 7 Rdnr. 65.

[127] *Maunz*, a.a.O., Rdnr. 53 d.

[128] VGH Baden-Württemberg, U. v. 9. 2. 1983 – 11 S 1270/80 –, BEFT Ordz. 60. 2 S. 3; VG Stuttgart, U. v. 28. 8. 1987 – 10 K 1236/86 –, UA S. 8. Vgl. ferner BVerfGE 75, 40 (62): „Kennzeichnend für die Privatschule ist, daß in ihr ein eigenverantwortlich geprägter und gestalteter Unterricht erteilt wird, insbesondere im Hinblick auf die Erziehungsziele, die weltanschauliche Basis, die Lehrmethode und die Lehrinhalte.“

[129] *Vogel*, Recht der Bildung, BEFT Ordz. 23.2. S. 3; *Hemmrich*, in: *v. Münch*, GGK, Art. 7, Rdnr. 32.

[130] Dies gilt etwa für das Merkmal „private Initiative“.

[131] Zur Frage, unter welchen Umständen juristische Personen des öffentlichen Rechts Berechtigte des aus Art. 7 Abs. 4 Satz 1 fließenden Grundrechts sein können siehe *Maunz*, in: *Maunz / Dürig*, GG, Art. 7 Rdnr. 70.

benbereich dieser Personen fällt, erfüllen diese einen staatlichen Bildungsauftrag. Gemeinden und Gemeindeverbänden (Kreise, Zweckverbände) wird die Errichtung und Unterhaltung von Schulen regelmäßig übertragen.[132] Die von diesen Trägern errichteten Schulen sind deshalb als öffentlich i.S.d. Art. 7 GG anzusehen. Bei anderen öffentlich-rechtlichen Körperschaften liegt eine solche Verlagerung staatlicher Hoheitsgewalt dagegen nicht vor. Dies gilt z.B. im Falle der Kirchen[133], die die Rechte einer Körperschaft des öffentlichen Rechts genießen. Die von diesen Religionsgemeinschaften getragenen Schulen beruhen weder unmittelbar noch mittelbar auf staatlichem Auftrag, sondern auf der freien Initiative ihres Trägers, der den Unterrichtsbetrieb in eigener Verantwortung gestaltet.

3. Einordnung der Krankengymnastikschulen

Von den insgesamt 84 Lehranstalten für Krankengymnastik werden 56 von natürlichen Personen oder juristischen Personen des Privatrechts betrieben. Es kann generell davon ausgegangen werden, daß der privaten Trägerschaft auch eine private Initiative entspricht, die es erlaubt, diese Lehranstalten den privaten Schulen zuzuordnen.[134] Bei den verbleibenden 28 Lehranstalten in öffentlich-rechtlicher Trägerschaft können die von einem Land (1 Schule), von Gemeinden oder Kreisen (7 Schulen) und von Krankenhauszweckverbänden (3 Schulen) errichteten Lehranstalten ohne weiteres als öffentliche Schulen eingestuft werden.[135] Einer näheren Betrachtung bedürfen freilich die insgesamt 15 Krankengymnastikschulen an den Universitäten und die von der Stiftung Orthopädische Universitätsklinik Heidelberg sowie vom Bayerischen Roten Kreuz getragenen Schulen.

Die Aufgaben der Hochschulen sind heute durch § 2 HRG[136] und die ihn ausführenden Landesgesetze festgelegt. Neben den sog. Kernauf-

---

[132] Siehe *Maunz*, in: *Maunz / Dürig*, GG, Art. 7 Rdnr. 72; *Hemmrich*, in: *v. Münch*, GGK, Art. 7 Rdnr. 33; *Müller*, Recht der Freien Schule, S. 57.

[133] Siehe *Maunz*, a.a.O., Rdnr. 71.

[134] Gewisse Zweifel in dieser Hinsicht ergeben sich allerdings bei der „Schule für Krankengymnastik – staatlich anerkannt – Duisburg", bei der drei städtische Kliniken Mitglied des Trägervereins sind, und bei der Krankengymnastikschule am Oskar-Helene-Heim (Berlin), die kein Schulgeld erhebt und deren Träger vom Berliner Senat mitbeherrscht wird.

[135] Vgl. *Maunz*, in: *Maunz / Dürig*, GG, Art. 7 Rdnr. 72.

gaben (Forschung, Lehre, § 2 Abs. 1 HRG) und den sog. Annexaufgaben (z.B. Pflege des wissenschaftlichen Nachwuchses, § 2 Abs. 2 HRG) widmen sich die Hochschulen in begrenztem Maße auch Aufgaben gegenüber der Gesellschaft (sog. Dienstleistungsaufgaben)[137]. Solche Dienstleistungsaufgaben sind in § 2 Abs. 8 Satz 2 HRG gemeint, der bestimmt, daß neben den im HRG ausdrücklichen genannten Aufgaben den Hochschulen nur solche Aufgaben übertragen werden dürfen, die mit den Kernaufgaben zusammenhängen. Zu solchen mit Forschung und Lehre zusammenhängenden Dienstleistungsaufgaben gehört traditionell auch die Errichtung und Unterhaltung von Schulen für nichtärztliche Heilberufe.[138] Der baden-württembergische[139] und der rheinland-pfälzische[140] Gesetzgeber haben denn auch durch entsprechende Regelungen klargestellt, daß zu den (Dienstleistungs-)Aufgaben der Hochschulen bzw. Universitäten auch die bereits übertragenen Aufgaben auf dem Gebiet der Schulen für nichtärztliche medizinische Berufe gehören. Die von den Universitäten betriebenen Krankengymnastikschulen müssen also dem öffentlichen Schulwesen zugeordnet werden.[141] Private Schulen i.S.d. Art. 7 Abs. 4 Satz 1 GG sind dagegen die Krankengymnastikschulen des Bayerischen Roten Kreuzes und der Orthopädischen Universitätsklinik Heidelberg. Obwohl die Träger dieser Schulen eine öffentlich-rechtliche Rechtsform aufweisen (Körperschaft bzw. Stiftung des öffentlichen Rechts), ist die Errichtung und die Unterhaltung von Krankengymnastikschulen, soweit ersichtlich, keinem dieser Träger von Staats wegen übertragen worden.[142]

Damit ist folgendes Zwischenergebnis festzuhalten: Insgesamt 58 der 84 Krankengymnastikschulen in der Bundesrepublik Deutschland (knapp 70 %) sind private Schulen; nur 26 Lehranstalten können dem öffentlichen Schulwesen zugerechnet werden.

---

136 Hochschulrahmengesetz vom 26. 1. 1976 (BGBl. I S. 185); zuletzt geändert durch Gesetz vom 14. 11. 1985 (BGBl. I S. 2090).

137 Siehe dazu *Thieme*, Hochschulrecht, Rdnr. 10 - 17.

138 Vgl. *Lüthje*, in: *Denninger*, HRG, 2 Rdnr. 59.

139 § 2 Abs. 8 Satz 1 UG i.d.F. v. 30. 10. 1987 (GBl. S. 545).

140 § 2 Abs. 8 Satz 2 Nr. 1 HochSchG v. 9. 9. 1987 (GVBl. S. 249).

141 Vgl. VGH Baden-Württemberg, U. v. 9. 2. 1983 – 11 S 1270/80 –, BEFT Ordz. 60.2, S. 3 (für MTA-Schulen); B. v. 27. 12. 1984 – 9 S 2731/84 –; VG Stuttgart, U. v. 28. 8. 1987 – 10 K 1236/86 –; im Ergebnis ebenso VGH Baden-Württemberg, U. v. 27. 2. 1989 – 9 S 1385/88; vgl. ferner *Vogel*, Recht der Bildung, BEFT Ordz. 23.2, S. 2.

142 Vgl § 2 des bayerischen Gesetzes über die Rechtstellung des Bayerischen Roten Kreuzes v. 16. 7. 1986 (GVBl. S. 134).

V. Ersatz- und Ergänzungsschulen

1. Bedeutung der Unterscheidung

Das Privatschulwesen wird herkömmlicherweise in Ersatz- und Ergänzungsschulen gegliedert. Diese Unterscheidung kommt auch im Grundgesetz zum Ausdruck. Nach Art. 7 Abs. 4 Satz 2 GG stehen „private Schulen als Ersatz für öffentliche Schulen" unter einem Genehmigungsvorbehalt.

Für die Schulen, die keine Ersatzschulen sind (Ergänzungsschulen), fehlt eine entsprechende Regelung.[143] Sowohl für Ersatzschulen als auch für Ergänzungsschulen gilt die Freiheitsverbürgung des Art. 7 Abs. 4 Satz 1. Nach der Rechtsprechung des BVerfG[144] verpflichtet dieses Grundrecht den Staat, das *Ersatzschulwesen* zu *fördern* und in seinem Bestand zu *schützen*. Für die Ergänzungsschulen wird eine vergleichbare sozialstaatliche Einstandspflicht abgelehnt, weil für sie die Genehmigungsvoraussetzungen des Art. 7 Abs. 4 Sätze 3 und 4 GG nicht gelten. Im Hinblick auf diese unterschiedliche Reichweite der Privatschulgarantie des Art. 7 Abs. 4 Satz 1 GG für Ersatz- und Ergänzungsschulen stellt sich die Frage, welcher Gruppe die privaten Krankengymnastikschulen zuzurechnen sind.

2. Begriff der Ersatzschule

Ersatzschulen sind nach der Rechtsprechung des BVerfG „Privatschulen, die nach dem mit ihrer Errichtung verfolgten Gesamtzweck als Ersatz für eine in dem Land vorhandene oder grundsätzlich vorgesehene öffentliche Schule dienen sollen".[145] Ob eine private Schule Ersatz- oder „nur" Ergänzungsschule ist, hängt also maßgeblich vom Ausbau des öffentlichen Schulwesens in dem betreffenden Land ab. Es kann somit vorkommen, daß ein und derselbe Privatschultyp in einem Land als Ersatzschule und in einem anderen Land als Ergänzungsschule einzustufen ist.[146]

---

143 Im Schrifttum ist umstritten, ob Ergänzungsschulen einem Genehmigungsverfahren unterworfen werden dürfen, siehe dazu *Maunz*, in: *Maunz / Dürig*, GG, Art. 7 Rdnr. 84 m.w.N.

144 BVerfGE 75, 40 (62).

145 BVerfGE 27, 195 (201 f.); 75, 40 (76). Zu den teilweise abweichenden Definitionsversuchen in den Landesschulgesetzen und im Schrifttum vgl. *Vogel*, Recht der Bildung, BEFT Ordz. 23.3.2. S. 4 f.

3. Die Vergleichbarkeit öffentlicher und privater Schulen im berufsbildenden Bereich

„Ersatz“ für eine öffentliche Schule kann eine private Schule nur sein, wenn die Schulen vergleichbar sind; d.h. sie müssen bei aller Verschiedenheit auch eine Reihe übereinstimmender Merkmale aufweisen[147] oder zumindest einen entsprechenden Anschein erwecken.[148] Vor allem im berufsbildenden Bereich[149] stellt sich in diesem Zusammenhang die Frage, ob private Schulen schon dann mit öffentlichen Schulen vergleichbar sind, wenn sie letzteren in der nach allgemeinen Merkmalen definierten Schulart (z.B. Berufsfachschule) entsprechen oder ob darüber hinaus auch eine Übereinstimmung in der Fachrichtung gegeben sein muß.

Nach den Schulgesetzen Berlins[150] und Schleswig-Holsteins[151] soll es für die Einstufung als Ersatzschule genügen, daß die private Schule einer im öffentlichen Schulwesen vorgehaltenen oder vorgesehenen *Schulart* entspricht.[152] In diesem Sinne dürfte auch ein Urteil des BayVGH vom 12. Februar 1980[153] zu interpretieren sein, in dem eine private Kosmetikschule als Ersatzschule bezeichnet wurde, obwohl es zu diesem Zeitpunkt keine öffentlichen Schulen dieser Fachrichtung in Bayern gab. Zur Begründung führte das Gericht u.a. aus, daß die Kosmetikschule unter die Kategorie „Berufsfachschule“ falle und damit einer im öffentlichen Schulwesen Bayerns vorgesehenen Schulart entspreche.

Zumindest im berufsbildenden Bereich wird eine solche, zu einer Ausweitung des Ersatzschulwesens führende[154] Interpretation dem Ersatzschulbegriff des GG nicht gerecht. Sie läßt außer acht, daß das berufliche

---

[146] So auch *Maunz*, in: *Maunz / Dürig*, GG, Art. 7 Rdnr. 73; *Vogel*, Recht der Bildung, BEFT Ordz. 23.3.1., S. 3.

[147] Siehe *Heckel / Avenarius*, Schulrechtskunde, S. 148.

[148] Siehe *Maunz*, in: *Maunz / Dürig*, GG, Art. 7 Rdnr. 73.

[149] Zum allgemeinbildenden Bereich vgl. *Falckenberg / Schiedermair / Amberg*, BayEUG, Art. 68 Erl. 5.

[150] § 4 Abs. 1 PrivatschulG i.d.F. v. 13. 10. 1987 (GVBl. S. 2458).

[151] § 2 Abs. 4 Satz 1 SchulG.

[152] Siehe auch *Heckel / Avenarius*, Schulrechtskunde, S. 148: „Um Ersatzschule zu sein, muß die Privatschule in ihren wesentlichen Merkmalen einer vom öffentlichen Schulwesen vorgehaltenen *Schulart* entsprechen“.

[153] BEFT Ordz. 60.3. S. 1 ff. (8).

[154] Siehe dazu *Falckenberg / Schiedermair / Amberg*, BayEuG, Art. 68 Erl. 5. und *Vogel*, Recht der Bildung, BEFT Ordz. 23.3.4.2, S. 7.

Schulwesen durch eine Verzweigung in vielfältige Fach- oder Ausbildungsrichtungen gekennzeichnet ist.[155]

Die Zusammenfassung dieser Schulen in Schularten (Fachschulen, Berufsfachschulen, Berufsschulen etc.) kann nicht darüber hinwegtäuschen, daß die Schulen vor allem durch den Beruf oder das Berufsfeld geprägt werden, in dem die Aus- oder Fortbildung vorgenommen wird. Aufgrund dieser inhaltlichen Unterschiede der beruflichen Schulen kann eine „Ersatzfunktion“ bei Schulen verschiedener Fachrichtung nicht angenommen werden. So kann z.B. eine Berufsfachschule für Kosmetik eben nicht an die Stelle einer Berufsfachschule für Krankengymnastik treten.

Im Bereich der beruflichen Schulen kann eine private Schule deshalb nur dann Ersatzschule sein, wenn sie einer existierenden oder vorgesehenen öffentlichen Schule in bezug auf Schulart *und* Fachrichtung vergleichbar ist.[156]

4. Der Status der Krankengymnastikschulen

Sowohl die bundesrechtlichen Vorschriften über die Ausbildung zum Krankengymnasten als auch einzelne landesgesetzliche Normen über die Zulassung der Lehranstalten differenzieren nicht nach öffentlichen und privaten Schulen. Aufgrund dieser einheitlichen normativen Ausbildungsvorgaben entsprechen sich die öffentlichen und privaten Krankengymnastikschulen in ihren wesentlichen Merkmalen. Die Einstufung als Ersatz- oder als Ergänzungsschule hängt deshalb ausschließlich davon ab, ob in dem Land, in dem die private Lehranstalt betrieben wird, eine öffentliche Krankengymnastikschule existiert oder zumindest vorgesehen ist. Keiner näheren Erörtung bedarf in diesem Zusammenhang die Rechts- und Sachlage in Bremen, Hamburg und im Saarland, denn in diesen Ländern bestehen gegenwärtig keine privaten Lehranstalten für Krankengymnastik.[157] In Baden-Württemberg, Bayern, Hessen, Nieder-

---

[155] Vgl. *Falckenberg / Schiedermair / Amberg* ebda.

[156] Dies entspricht der h.L., siehe die Schulrechtskommission des DJT, DJT-SchulGE, S. 393; *Falckenberg / Schiedermair / Amberg*, BayEuG, Art. 68 Erl. 5; *Vogel*, Recht der Bildung, BEFT Ordz. 23.3.4.2, S. 7. Siehe ferner § 2 Abs. 2 Satz 1 des brem. Privatschulgesetzes, der alle Privatschulen, die bestimmten Schularten entsprechen, zur Gruppe der Ersatzschulen rechnet, „mit Ausnahme der Schulen, die für Berufe ausbilden, für die im Land Bremen keine Schule in öffentlicher Trägerschaft vorhanden ist“.

sachsen, Nordrhein-Westfalen, Rheinland-Pfalz und in Schleswig-Holstein gibt es sowohl private wie auch öffentliche Krankengymnastikschulen. Die privaten Schulen in diesen Ländern sind deshalb als Ersatzschulen anzusehen.

In Berlin existieren derzeit nur private Krankengymnastikschulen. Diese Schulen können also nur dann Ersatzschulen sein, wenn sie grundsätzlich vorgesehen sind. Vorgesehen ist eine Schule dann, wenn sie als Typ im Rahmen der Gesamtkonzeption des öffentlichen Schulwesen geschaffen werden soll.[158] In Betracht kommt hierfür das Gesetz über die Lehranstalten für Medizinalhilfspersonen.[159] Nach § 1 dieses Gesetzes erfolgt die Ausbildung von Medizinalhilfspersonen in staatlich anerkannten Lehranstalten. Zu den Medizinalhilfspersonen i.S.d. Gesetzes zählen auch die Krankengymnasten.[160] Das Gesetz trifft u.a. Regelungen über die Voraussetzungen einer staatlichen Anerkennung der Lehranstalten (§ 2) und über die Zulassung zum Besuch der Lehranstalten (§ 3). In einer aufgrund des § 5 erlassenen Durchführungsverordnung werden besondere Bestimmungen für die Lehranstalten für Krankengymnastik getroffen.[161]

In den Regelungsbereich des Gesetzes sind sowohl private als auch öffentliche Krankengymnastikschulen einbezogen. Das Gesetz differenziert nicht zwischen öffentlichen und privaten Anstalten, es sollen alle Lehranstalten für Medizinalhilfspersonen erfaßt werden.[162] In diesem Zusammenhang kommt auch dem § 6 des Gesetzes Bedeutung zu. Diese Bestimmung schließt die Geltung des Schulgesetzes für Berlin und des Privatschulgesetzes für die Lehranstalten aus. Das Gesetz gibt mit dem Geltungsausschluß des nur für öffentliche Schulen geltenden Schulgesetzes zu erkennen, daß die Lehranstalten als öffentliche Schulen errichtet und betrieben werden können.

---

[157] In Bremen existiert zur Zeit keine Krankengymnastikschule; Hamburg und das Saarland verfügen dagegen über 2 bzw. 1 öffentliche Lehranstalt(en).

[158] So *Falckenberg / Schiedermair / Amberg*, BayEUG, Art. 68 Erl. 5.

[159] Vom 14. 7. 1964 (GVBl. 739).

[160] Vgl. die Begründung der Gesetzesvorlage, Abgeordnetenhaus - Drs. IV. Wahlperiode Nr. 486, S. 2.

[161] Verordnung zur Durchführung des Gesetzes über die Lehranstalten für Medizinalhilfspersonen v. 19. 7. 1965 (GVBl. S. 913); zuletzt geändert durch VO vom 26. 6. 1973 (GVBl. S. 1019).

[162] Vgl. die Begründung der Gesetzesvorlage durch den Senator für Gesundheitswesen in der 1. Lesung des Abgeordnetenhauses, Stenogr. Berichte 4. Wahlperiode, 30. Sitzung v. 23. 4. 1964, S. 249.

Der *Typ* der *öffentlichen Krankengymnastikschule* ist also nach dem Gesetz über die Lehranstalten für Medizinalhilfspersonen und der dazu ergangenen Durchführungsverordnung im Land Berlin grundsätzlich vorgesehen. Dies bedeutet, daß die Berliner privaten Krankengymnastikschulen Ersatzschulen i.S.d. Art. 7 Abs. 4 GG sind. Zugleich steht damit auch fest, daß sämtliche derzeit bestehenden privaten Krankengymnastikschulen in der Bundesrepublik Deutschland Ersatzschulstatus genießen.

VI. Der Eingriff in den Schutzbereich

Die Regelung des § 10 MKG-Entwurf kann nur dann das Grundrecht des Art. 7 Abs. 4 Satz 1 GG verletzen, wenn sie in den geschützten Freiheitsbereich eingreift. Nach § 10 Abs. 1 Satz 2 MKG-Entwurf vermitteln staatlich anerkannte Schulen für Krankengymnastik die Krankengymnastenausbildung. Mehr als die Hälfte der gegenwärtig bestehenden Krankengymnastikschulen sind – wie vorstehend ausgeführt[163] – private Schulen. Die in § 10 MKG-Entwurf genannten Anforderungen an die Krankengymnastenausbildung wirken sich tatsächlich auch auf den Schulbetrieb dieser Ersatzschulen aus. Da der von Art. 7 Abs. 4 Satz 1 GG geschützte Freiheitsbereich über die Errichtung im engeren Sinne hinaus auch den Betrieb erfaßt,[164] berührt die geplante Regelung des § 10 ohne weiteres auch den Bereich der Privatschulfreiheit. Es stellt sich allerdings die Frage, ob § 10 MKG-Entwurf in den Schutzbereich auch „eingreift". Eine staatliche Maßnahme bedarf vor einem thematisch einschlägigen Grundrecht nur dann einer Rechtfertigung, wenn sie ihrer Art nach überhaupt geeignet ist, den Schutz des betroffenen Grundrechts auszulösen.[165]

Jedenfalls solche staatlichen Maßnahmen, die durch Gebote, Verbote oder Feststellungen den Handlungsspielraum des Grundrechtsberechtigten verkürzen (sog. imperative Beeinträchtigungen), sind als Eingriffe zu qualifizieren.[166] Bei diesen klassischen Grundrechtseingriffen bildet

---

[163] Siehe oben S. 38.

[164] Siehe oben S. 23.

[165] Siehe zu dieser Auslöserfunktion des Eingriffs *Grabitz*, Freiheit, S. 24 f. sowie neuerdings *Lübbe-Wolff*, Grundrechte, S. 30.

[166] Siehe *Gallwas*, Faktische Beeinträchtigungen, S. 11; *Grabitz*, Freiheit, S. 25; *Lübbe-Wolff*, Grundrechte, S. 30.

schon das abgeforderte Verhalten eine Beeinträchtigung; es besteht eine Identität von Regelung und Beeinträchtigung.[167]

§ 10 (i.V.m. § 2) MKG-Entwurf legt lediglich fest, unter welchen Voraussetzungen das Führen der Berufsbezeichnung „Krankengymnast" oder „Krankengymnastin" zu gestatten ist. Unter Berücksichtigung der in § 1 Nr. 2 MKG-Entwurf enthaltenen Erlaubnispflichtigkeit kann § 10 MKG-Entwurf allenfalls als imperativer Eingriff in das dem angehenden Krankengymnasten zustehende Grundrecht der Berufsfreiheit angesehen werden. Die Vollintegration der praktischen Ausbildung bewirkt zwar unstreitig zumindest für einige der privaten Schulen erhebliche Nachteile. Die betroffenen Schulen sind faktisch gezwungen, ihren Schulbetrieb auf das neue Ausbildungsmodell auszurichten, da in Zukunft kein Schüler an der bisher angebotenen Ausbildung Interesse haben wird. Durch die Verlängerung der schulischen Ausbildung und die damit verbundene Verteuerung der Ausbildungskosten wird die Konkurrenzfähigkeit der schulgeldpflichtigen Schulen im Wettbewerb mit den schulgeldfreien öffentlichen Schulen zumindest beeinträchtigt. Schließlich führt die Integration der praktischen Ausbildung in den schulischen Ausbildungsgang zu einer größeren organisatorischen Belastung der Schulen ohne Anbindung an ein Klinikum.

Da die geschilderten Folgewirkungen des § 10 MKG-Entwurf sich nicht aus einer an die Krankengymnastikschulen gerichteten imperativen staatlichen Maßnahme ergeben, liegt „nur" eine faktische Beeinträchtigung der Privatschulfreiheit vor.[168]

Wenn auch die Einzelheiten nach wie vor nicht hinreichend geklärt sind, so besteht heute doch in der Grundrechtsdogmatik weitgehend Einigkeit darüber, daß die Grundrechte nicht nur gegen klassische Eingriffe, sondern im Prinzip auch gegen faktische Beeinträchtigungen schützen.[169] Dies gilt selbstverständlich auch für Art. 7 Abs. 4 GG.[170] So ist nach der vom Bundesverfassungsgericht entwickelten Schutz- und Förderpflicht für das Ersatzschulwesen der Staat, d.h. neben den Ländern auch der Bund,[171] verpflichtet, die „auf eigenen Akten beruhenden Beein-

---

[167] So treffend *Gallwas*, a.a.O., S. 12.

[168] So wohl auch *Harms*, Gutachten, S. 30.

[169] Siehe *Lübbe-Wolff*, Grundrechte, S. 47 f. m.w.N.; *Grabitz*, Freiheit, S. 28; *Ramsauer*, VerwArch 72 (1981), 89 (92 ff.).

[170] Siehe *Müller / Kromer*, NVwZ 1984, 77 (78); *Harms*, Gutachten, S. 31 f.

trächtigungen" des schulischen Pluralismus zu neutralisieren. Wie die vom Bundesverfassungsgericht genannten Beispiele (Hebung des Standards öffentlicher Schulen, Verbesserung der Lehrerbesoldung)[172] zeigen, handelt es sich bei diesen Beeinträchtigungen nicht um klassische Eingriffe, die den Grundrechtsschutz auslösen, sondern um „faktische Eingriffe", die Verschiebungen der Wettbewerbssituation bewirken. Das Bundesverfassungsgericht stellt ausdrücklich fest,[173] daß auch eine „indirekte Benachteiligung" der Ersatzschulen verboten ist. Soweit das Bundesverfassungsgericht in einer Entscheidung vom 11. Juni 1974 die Auffassung vertreten hat, die Privatschulfreiheit des Art. 7 Abs. 4 Satz 1 GG schütze nicht vor „mittelbaren Auswirkungen", die sich aus der Ausgliederung eines Ausbildungszweiges aus dem Schulwesen hinsichtlich der wirtschaftlichen Grundlage bestehender Privatschulen ergeben,[174] wird damit wohl nur eine Grundrechts*verletzung*, nicht aber ein Grundrechts*eingriff* in Abrede gestellt. In der Rechtsprechung des Bundesverwaltungsgerichts ist ebenfalls anerkannt, daß Art. 7 Abs. 4 Satz 1 GG auch vor faktischen Eingriffen schützt, die sich in finanzieller Hinsicht nachteilig für die betroffenen Privatschulen auswirken.[175] Es läßt sich somit feststellen, daß zumindest solche faktischen Beeinträchtigungen der Privatschulfreiheit, die zu einem Anpassungszwang privater Schulen und damit verbunden zu finanziellen Nachteilen dieser Schulen führen, regelmäßig den Grundrechtsschutz des Art. 7 Abs. 4 Satz 1 GG auslösen. Ein solcher faktischer Grundrechtseingriff wird durch die Regelung des § 10 MKG-Entwurf bewirkt.[176]

Da § 10 MKG-Entwurf in den Schutzbereich des Art. 7 Abs. 1 Satz 1 GG eingreift, kann diese Regelung nur dann verfassungsgemäß sein, wenn sie Ausdruck der Schranken dieses Grundrechts ist.

---

[171] In BVerfGE 75, 40 (62) nennt das Gericht die „für die Schulgesetzgebung ausschließlich zuständigen Länder" als Adressaten dieser Verpflichtung. Dies kann freilich nicht bedeuten, daß der Bund, wenn er aufgrund besonderer Kompetenztitel wie z.B. im vorliegenden Fall nach Art. 74 Nr. 19 GG gesetzgeberisch tätig wird, nicht an diese Verpflichtung gebunden ist. Dies wäre unvereinbar mit der nach Art. 1 Abs. 3 GG vorgeschriebenen Bindung jeglicher staatlichen Gewalt an die Grundrechte.

[172] BVerfGE 75, 40 (66).

[173] BVerfG ebenda.

[174] BVerfGE 37, 314 (320); siehe auch die Kritik an dieser Entscheidung von *Sendler*, DÖV 1978, 581 (584).

[175] Siehe BVerwGE 23, 347 (349); 27, 360 (363); 70, 290 (293).

[176] Siehe oben S. 45.

VII. Schranken des Art. 7 Abs. 4 Satz 1 GG

Das Grundrecht des Art. 7 Abs. 4 Satz 1 kann nicht durch Gesetz *eingeschränkt* werden, da ein entsprechender Gesetzesvorbehalt nicht vorgesehen ist.[177] Dies bedeutet aber nicht, daß dieses Grundrecht außer dem in Art. 7 Abs. 4 Satz 2 GG aufgestellten Genehmigungsvorbehalt von keinen weiteren Schranken begrenzt wird. Das Privatschulwesen ist ein Teil des „Schulwesens" im Sinne des Art. 7 Abs. 1 GG und steht somit nach der genannten Bestimmung unter der Aufsicht des Staates.[178] Unter „Staat" ist auch der Bund zu verstehen. Ob das Land oder der Bund zuständig ist, ergibt sich aus der im Grundgesetz getroffenen allgemeinen Aufgabenabgrenzung.[179]

Neben den eigentlichen Aufsichtsrechten im wörtlichen Sinne enthält der Begriff „Schulaufsicht" allgemeine *Gestaltungs- und Normierungsrechte,* die den Gesetzgeber ermächtigen, die Organisation, Planung und Leitung des Schulwesens gesetzlich zu regeln.[180] Zu diesem Gestaltungsrecht zählt auch die Festlegung der Ausbildungsgänge und Unterrichtsziele.[181]

Art. 7 Abs. 1 GG ermächtigt somit den Gesetzgeber zur Ausgestaltung des aus Art. 7 Abs. 4 Satz 1 GG fließenden Grundrechts.[182] Im Rahmen dieses Ausgestaltungsvorbehalts kann der Gesetzgeber zwar nicht über den sachlichen Gehalt des Grundrechts selbst verfügen, wie im Rahmen des Einschränkungsvorbehalts, er kann aber die im Wesen des Grundrechts selbst angelegten Grenzen näher bestimmen.[183]

---

[177] Siehe *Müller*, Recht der Freien Schule, S. 51 ff., der zutreffend bemerkt, daß sich insbesondere aus der Formulierung „und unterstehen den Landesgesetzen" in Art. 7 Abs. 4 Satz 2 2. Halbsatz GG kein Gesetzesvorbehalt ergibt (S. 54).

[178] Siehe *Maunz*, in: *Maunz / Dürig*, GG, Art. 7 Rdnr. 66; *Hemmrich*, in: *v. Münch*, GGK, Art. 7 Rdnr. 9; *Heckel / Avenarius*, Schulrechtskunde, S. 156.

[179] Siehe *Maunz*, in: *Maunz / Dürig*, GG, Art. 7 Rdnr. 4a.

[180] Siehe *Hemmrich*, in: *v. Münch*, GGK, Art. 7 Rdnr. 8 m.w.N.; vgl. ferner *Maunz*, in: *Maunz / Dürig*, GG, Art. 7 Rdnr. 20, der die Bedeutung des Art. 7 Abs. 1 GG als Grundrechtsschranke verkennt. Im Ergebnis bejaht freilich auch *Maunz* (a.a.O., Rdnr. 79 f.) einen Gestaltungsspielraum des Gesetzgebers im Schutzbereich des Art. 7 Abs. 4 GG.

[181] BVerfGE 34, 165 (182); 53, 185 (196).

[182] Vgl. *Niehues*, Schul- und Prüfungsrecht, Rdnr. 22; *Müller*, Recht der Freien Schule, S. 102.

[183] Siehe BVerfGE 7, 377 (404). Diese Ausgestaltung kann den Grundrechtsträger im Ergebnis gleichwertig beeinträchtigen wie eine „Einschränkung"; siehe

Das aus Art. 7 Abs. 1 GG sich ergebende Gestaltungsrecht des Staates ermöglicht dem Gesetzgeber auch Regelungen zu treffen, die das Grundrecht des Privatschulträgers beeinträchtigen. Diese Regelungen können sich wirtschaftlich sogar so nachteilig auswirken, daß sie in letzter Konsequenz zur Einstellung des Betriebes einzelner Schulen führen können. In diesem Sinne ist die in der Rechtsprechung ständig wiederkehrende Formulierung zu verstehen, Art. 7 Abs. 1 Satz 1 GG enthalte keine Bestandsgarantie für die einzelne private (Ersatz-)Schule.[184]

Es ergibt sich somit, daß die Regelung des § 10 MKG-Entwurf grundsätzlich Ausdruck der Schranke des Art. 7 Abs. 1 GG sein kann. § 10 MKG-Entwurf entspricht allerdings nur dann dieser Grundrechtsschranke, wenn durch diese Regelung nicht die objektiv-rechtlichen Gehalte des Art. 7 Abs. 4 GG verletzt werden. Sowohl die institutionelle Garantie der Privatschule als auch die Schutz- und Förderpflicht für das Ersatzschulwesen haben insoweit subjektiv-rechtlichen Charakter, als sie die Grundrechtsposition des einzelnen (Ersatz-)Schulträgers sichern und verstärken.[185] Ein Verstoß gegen diese beiden Gewährleistungen ist zugleich als Verletzung der Grundrechte der einzelnen (Ersatz-)Schulträger zu werten.

VIII. Die Vereinbarkeit des § 10 MKG-Entwurf mit der institutionellen Garantie des Privatschulwesens

1. Das Schutzobjekt der Garantie

Die in Art. 7 Abs. 4 Satz 1 GG enthaltene institutionelle Garantie schützt den Bestand des Privatschulwesens, nicht den Bestand der einzelnen privaten Schule.[186] Die Bedeutung dieser Aussage erschöpft sich je-

---

zur Funktion und Bedeutung dieser begrifflichen Unterscheidung *Hesse*, Grundzüge, Rdnr. 303 ff., *Lübbe-Wolff*, Grundrechte, S. 59 ff.; *Alexy*, Theorie, S. 300 ff.

[184] BVerfGE 27, 195 (208); 37, 314 (320); BVerwGE 70, 290 (292); 74, 134 (136); vgl. ferner *Niehues*, Schul- und Prüfungsrecht, Rdnr. 158; *Bernhard*, DVBl. 1983, 299 (303).

[185] Siehe oben S. 28.

[186] Siehe BVerwGE 70, 290 (292), 74, 134 (136); BVerwG NVwZ 1987, 680 (681); 1988, 930 (932). Diesem Ansatz folgt auch das BVerfG (E 75, 40 ff.), wenn es die Schutz- und Förderpflicht ausdrücklich auf das „Ersatzschulwesen" bezieht; vgl. aber *Vogel*, Folgerungen für die Praxis der Länder, Schulträger und

doch in einer Absage an einen Bestandsschutz der einzelnen privaten Schule. Damit ist offensichtlich nicht gemeint, daß die Summe aller Privatschulen in der Bundesrepublik Deutschland oder in einem Bundesland immer mit dem Schutzobjekt dieser Garantie identisch sein muß.[187]

Eine solche formale Sicht der institutionellen Garantie des Privatschulwesen würde zur weitgehenden Unwirksamkeit dieses Rechtsinstituts führen. Der Gesetzgeber könnte in diesem Fall nach und nach durch Regelungen, die nur einen Teil der Privatschulen betreffen, einzelne Bereiche des Privatschulwesens beseitigen oder „ausdünnen", ohne in Konflikt mit der institutionellen Garantie zu kommen.[188] Sinn jeder Einrichtungsgarantie ist es jedoch, die betreffende Einrichtung in ihrem typischen und charakteristischen Erscheinungsbild zu erhalten.[189] Typisch und charakteristisch für das deutsche Privatschulwesen ist seine Vielfalt im Sinne einer Gliederung in verschiedene Gruppen von Schulen, die sich unter weltanschaulichen, pädagogischen, wirtschaftlichen und sonstigen Gesichtspunkten und Zielsetzungen zusammengefunden haben.[190] Bei dieser Gruppenbildung handelt es sich um ein prägendes tatsächliches Merkmal des Privatschulwesens und nicht um eine nach mehr oder weniger beliebigen Kriterien erfolgte Systematisierung der Privatschulen.[191]

Die Schutzwirkung der institutionellen Garantie des Privatschulwesens wird schon dann ausgelöst, wenn eine nach generell typisierten Merkmalen definierte Klasse von Privatschulträgern betroffen wird.[192]

Schulen, in: *Müller* (Hrsg.), Zukunftsperspektiven, S. 115 - 145 (119), der insoweit eine Divergenz zwischen BVerfG und BVerwG sieht; wie hier dagegen *Berkemann*, RdJB 1987, 397 (399).

[187] Ebenso *Harms*, Gutachten, S. 33. Siehe ferner BVerfGE 75, 40; in dieser Entscheidung entwickelt das Gericht aus der institutionellen Garantie des Privatschulwesens eine nur auf einen Teil dieser Institution (das „Ersatzschulwesen") bezogene Schutzpflicht.

[188] Siehe zu dieser Gefahr einer „Salamitaktik" *Schmidt-Jortzig*, Einrichtungsgarantien, S. 40.

[189] Siehe *Schmidt-Jortzig*, a.a.O., S. 42 m.w.N.

[190] Siehe etwa die Übersicht von *Heckel*, Privatschulrecht, S. 21 ff. über die verschiedenen Erscheinungsformen der Privatschule.

[191] Insofern geht die Behauptung von *Vogel*, Folgerungen für die Praxis der Länder, Schulträger und Schulen, in *Müller* (Hrsg.), Zukunftsperspektiven, S. 115 - 145 (119), fehl, das Privatschulwesen lasse sich mangels begrifflicher Substanz nicht in „Unterwesen" gliedern.

[192] So auch *Müller / Pieroth / Fohmann*, Leistungsrechte, S. 155; *Vogel*, DVBl. 1985, 1214 (1218); auf gleicher Linie auch *Harms*, Gutachten, S. 33.

Die Regelung des § 10 MKG-Entwurf betrifft sämtliche Krankengymnastikschulen in der Bundesrepublik Deutschland. Die Gruppe der privaten Krankengymnastenschulen, der 56 von insgesamt 84 Schulen zuzurechnen sind,[193] ist zweifellos eine den vorstehend genannten Kriterien entsprechende Klasse von Privatschulen.[194] Durch ihre Ausrichtung auf die Vermittlung einer Ausbildung für einen Beruf läßt sie sich ohne weiteres charakterisieren und von anderen Privatschulen abgrenzen.

Im Hinblick darauf, daß die geplante Vollintegration der praktischen Ausbildung nicht alle privaten Krankengymnastikschulen in gleicher Weise betrifft, stellt sich die Frage, ob sich innerhalb der Gruppe der privaten Krankengymnastikschulen Untergruppen bestimmen lassen, die für sich genommen eine die Schutzfunktion der institutionellen Garantie auslösende „Klasse“ von Privatschulen bilden.

Es wurde bereits oben gezeigt, daß sich das Ausbildungswesen in der Krankengymnastik in zwei Gruppen einteilen läßt, nämlich die Klinikschulen – dabei handelt es sich sowohl um öffentliche als auch um private Schulen – und die eigenständigen privaten Lehranstalten.[195] In tatsächlicher Hinsicht ist diese Unterscheidung sogar wichtiger als die Einteilung in öffentliche und private Krankengymnastikschulen. Dies zeigt sich etwa in den zentralen Fragen der Schulfinanzierung und wirtschaftlichen Orientierung der Schulträger. Während die eigenständigen privaten Lehranstalten Schulgeld erheben müssen, sind die Klinikschulen überwiegend schulgeldfrei. Die eigenständigen privaten Schulen sind typischerweise erwerbswirtschaftlich orientiert; die öffentlich-rechtlichen und freigemeinnützigen Träger der Klinikschulen hingegen betreiben ihre Schulen nach gemeinwirtschaftlichen Grundsätzen. Es kommt hinzu, daß sich die Gruppe der privaten eigenständigen Lehranstalten, die in ihrer Struktur vergleichsweise homogen ist,[196] in Abgrenzung und als Alternative zu den überkommenen Klinikschulen entwickelt hat. Schließlich haben auch schon zwei Bundesländer (Bayern, Berlin) in Ausführungsvorschriften zum bisher geltenden Gesetz über die Ausübung der Berufe des Masseurs, des Masseurs und medizinischen Bademeisters und des Kranken-

---

193 Siehe oben S. 38.

194 Ebenso *Harms*, Gutachten S. 33.

195 Siehe S. 11 f.

196 Dies zeigt sich zum Beispiel in dem Umstand, daß für diese Schulen, anders als für die Klinikschulen, ein eigener Interessenverband auftritt, in dem etwa die Hälfte dieser Schulen organisiert sind; vgl. Fn. 7.

gymnasten vom 21. Dezember 1958 dieser Entwicklung im Bereich der Krankengymnastikausbildung Rechnung getragen.[197]

Insgesamt läßt sich also feststellen, daß die Gruppe der eigenständigen privaten Lehranstalten eine spezifische Einrichtung in der Krankengymnastikausbildung bildet, die sich in etlichen prägenden Merkmalen von den übrigen privaten (und öffentlichen) Krankengymnastikschulen unterscheidet.

Es ist deshalb gerechtfertigt, diese Gruppe als eine besondere, von den übrigen privaten Krankengymnastikschulen geschiedene Klasse von Privatschulen einzustufen.

Als ein charakteristisches und typisches Element des Privatschulwesens ist diese Klasse durch die institutionelle Garantie in ihrem Bestand vor staatlichen Maßnahmen geschützt, die auf ihre Abschaffung zielen oder diese bewirken. § 10 MKG-Entwurf verstößt also zumindest dann gegen die institutionelle Garantie des Art. 7 Abs. 4 Satz 1 GG, wenn er die Überlebensfähigkeit der privaten eigenständigen Lehranstalten beseitigt und zur Schließung dieser Schulen führt.[198]

2. Die Auswirkungen des § 10 MKG-Entwurf auf die eigenständigen privaten Lehranstalten

In der Diskussion über die möglichen Auswirkungen der Neuordnung der Krankengymnastikausbildung werden im wesentlichen drei Aspekte genannt, die eine Verschiebung der Wettbewerbslage zu Lasten der eigenständigen privaten Schulen bewirken können, nämlich der Fortfall des Praktikantenentgelts, die erhöhte Belastung der Schüler mit Schulgeld und die Verknappung der Praktikantenplätze.

a) Der Wegfall der Praktikantenentgelte

Den Berufspraktikanten in der Krankengymnastik steht nach dem geltenden Tarifvertrag[199] für die von ihnen abzuleistende „praktische Tätig-

[197] Siehe oben S. 4. Bayern und Berlin sehen in ihren im Jahre 1961 bzw. 1964 erlassenen Gesetzen ausdrücklich die Möglichkeit vor, daß auch Lehranstalten, die nicht an einer Klinik eingerichtet sind, staatlich anerkannt werden können. Diese Möglichkeit ist in den wesentlich älteren Rechtsvorschriften Bremens (1950) und Niedersachsens (1949) noch nicht berücksichtigt worden.

[198] So auch *Harms*, Gutachten, S. 30.

keit“ gegenwärtig eine Vergütung in Höhe von monatlich 1519,18 DM zu. Die amtliche Begründung des MKG-Entwurfs von 1988 geht davon aus, daß auch nach der vorgesehenen Vollintegration der praktischen Ausbildung in die schulische Ausbildung eine Ausbildungsvergütung in Form des bisherigen Praktikantenentgelts gezahlt werden kann.[200]

§ 19 BBiG sieht eine beschränkte Geltung dieses Gesetzes für solche Personen vor, die ohne Begründung eines eigentlichen Berufsausbildungsverhältnisses zum Erwerb beruflicher Kenntnisse, Fertigkeiten oder Erfahrungen eingestellt werden. Auf solche Praktikantenverhältnisse ist u.a. auch § 10 BBiG anwendbar, der die Zahlung einer Ausbildungsvergütung vorsieht. Nach der Rechtsprechung des *Bundesarbeitsgerichts* ist das vom Bund erlassene Berufsbildungsgesetz im Hinblick auf die in Art. 70 ff. GG festgelegte Kompetenzverteilung nur im arbeitsrechtlich-betrieblichen Bereich anwendbar.[201] Soweit die Berufsausbildung durch berufsbildende Schulen betrieben wird, kommt aus den §§ 10, 11 BBiG kein Anspruch auf Zahlung eines Praktikantenentgelts in Betracht. So hat das Bundesarbeitsgericht entschieden, daß § 19 BBiG nicht auf Studenten anwendbar ist, die innerhalb ihres Studiums und als dessen Bestandteil ein Praktikum zu absolvieren haben.[202] Die Tarifvertragsparteien können ebenfalls für *Schüler* kein Praktikantenentgelt vereinbaren, weil ihre Rechtssetzungsbefugnis auf den arbeitsrechtlich-betrieblichen Bereich beschränkt ist.[203]

Für die Frage, ob auch nach der in § 10 MKG vorgesehenen Integration des bisherigen Berufspraktikums ein Praktikantenentgelt gemäß den §§ 19, 10 BBiG gezahlt werden kann, kommt es also darauf an, ob die im Rahmen der praktischen Ausbildung abzuleistenden Praktika Bestandteil einer schulischen Berufsausbildung sind.

Nach der zur Zeit geltenden Rechtslage zerfällt die Krankengymnastenausbildung in einen schulischen Teil (Lehrgang) an einer Krankengymnastikschule[204] und einen arbeitsrechtlich-betrieblichen Teil (Berufspraktikum). An der Nahtstelle beider Ausbildungsteile steht die Staatsprüfung. Die nach § 10 Abs. 1 MKG-Entwurf vorgesehene Integration aller

---

199 Siehe oben S. 14.

200 Siehe S. 17 der Fn. 23 genannten Anlage.

201 BAGE 26, 198 (204); 28; 269 (272 f.).

202 BAGE 26, 198 (204).

203 BAG ebenda.

204 Siehe oben S. 9 f.

Praktika wird den schulischen Charakter der Ausbildung an den Krankengymnastikschulen nicht verändern. Schon bisher waren in die schulische Ausbildung Praktika integriert. Die Neuregelung führt insofern nur zu einer Erhöhung des Anteils der praktischen Ausbildung. Nach § 10 Abs. 1 Satz MKG-Entwurf wird die Ausbildung durch die Schulen vermittelt. Die Krankengymnastenschüler leisten also die Praktika nach künftigem Recht innerhalb ihrer schulischen Ausbildung und als dessen Bestandteil ab.

Die Zahlung eines Praktikantenentgelts nach §§ 19, 10 BBiG wird somit für die Krankengymnastenschüler entfallen, die ihre Ausbildung nach § 10 Abs. 1 Satz 1 MKG-Entwurf gestalten.

Fraglich ist, ob dies auch für solche Schüler gilt, die nach der Ausnahmeregelung des § 10 Abs. 2 die praktische Ausbildung ganz oder teilweise „außerhalb des Lehrgangs" an einem zur Ausnahme ermächtigten Krankenhaus absolvieren.. Die Verwendung des Ausdrucks „außerhalb des Lehrgangs" könnte so zu interpretieren sein, daß in diesem Fall die praktische Ausbildung nicht als Bestandteil der schulischen Ausbildung, sondern wie nach bisherigem Muster auf arbeitsrechtlich-betrieblicher Grundlage durchgeführt werden soll.

In diesem Falle wäre die Zahlung eines Praktikantenentgelts für die Schüler möglich, deren Schule von der Ausnahmeregelung des § 10 Abs. 2 MKG-Entwurf Gebrauch macht. Diese Schüler wären damit gegenüber den Mitschülern im Vorteil, die von ihren Schulen nach § 10 Abs. 1 Satz 1 GG ausgebildet werden und deshalb keinen Anspruch auf eine Vergütung haben. Eine solche differenzierende Regelung, die verschiedene Gruppen von Krankengymnastenschülern mit gleichem Leistungsstand ungleich behandelt, erscheint im Hinblick auf Art. 3 Abs. 1 GG verfassungsrechtlich bedenklich und dürfte auch nicht den Absichten des Gesetzgebers entsprechen. Entscheidend gegen eine solche Auslegung der Ausnahmeregelung des § 10 Abs. 2 MKG-Entwurf spricht weiterhin, daß § 10 Abs. 2 Satz 1 MKG-Entwurf nur gestattet, die praktische Ausbildung „abweichend von Absatz 1 *Satz 1*" durchzuführen. Abweichungen von Absatz 1 Sätze 2 bis 4 sind nicht vorgesehen. Es bleibt also auch für solche Schulen, die von der Ausnahmeregelung Gebrauch machen, bei ihrer Gesamtverantwortung für die Ausbildung (Satz 2), die für jeden Krankengymnastenschüler drei Jahre dauert (Satz 3). Folgerichtig bestimmt auch die Schule innerhalb der durch § 10 Abs. 2 MKG-Entwurf gezogenen Grenzen, zu welchem Zeitpunkt und für welche Dauer die „praktische Tätigkeit" abzuleisten ist.[205]

Aus § 10 Abs. 1 Satz 4 MKG-Entwurf ergibt sich, daß die Schule auch im Falle des § 10 Abs. 2 MKG-Entwurf verpflichtet ist, für die Bereitstellung von Praktikantenplätzen zu sorgen. Insgesamt zeigt sich also, daß die nach § 10 Abs. 2 MKG-Entwurf vorgesehene „praktische Tätigkeit" in den wesentlichen Merkmalen nicht mit dem Berufspraktikum nach geltendem Recht vergleichbar ist. Sie entspricht nur insofern der bisherigen Praxis als sie „unter Aufsicht einer Krankengymnastin oder eines Krankengymnasten und unter der Verantwortung einer Ärztin oder eines Arztes" erfolgt (§ 10 Abs. 2 Satz 1 MKG-Entwurf). In der damit vorgesehenen geminderten Aufsichts- und Betreuungspflicht liegt für die betroffenen Schulen der einzige Unterschied zwischen dem Regelfall der „praktischen Ausbildung" nach § 10 Abs. 1 Satz 1 und der „praktischen Tätigkeit" nach § 10 Abs. 2 MKG-Entwurf. Nur hinsichtlich dieser Pflicht findet die Ausbildung entsprechend der mißverständlichen Formulierung des § 10 Abs. 2 Satz 1 MKG-Entwurf „außerhalb des Lehrgangs" statt. Insgesamt handelt es sich nach der Regelung des § 10 Abs. 2 MKG-Entwurf nicht um eine dem geltenden Recht entsprechende praktische Tätigkeit eines staatlich geprüften Berufspraktikanten, sondern um ein „lehrgangsbegleitendes Praktikum",[206] das innerhalb der schulischen Ausbildung und als deren Bestandteil von den Krankengymnastenschülern zu durchlaufen ist. Die Zahlung eines Praktikantenentgelts wird somit auch für die Krankengymnastenschüler entfallen, die nach der Ausnahmeregelung des § 10 Abs. 2 MKG-Entwurf ausgebildet werden.

b) Die Verlängerung der Schulgeldphase

Nach § 10 Abs. 1 Sätze 2 bis 4 MKG-Entwurf tragen die Krankengymnastikschulen künftig für die gesamte Ausbildungszeit die Verantwortung für die Ausbildung. Sie können deshalb statt wie bisher für zwei nunmehr für drei Jahre Schulgeld verlangen. Die Krankengymnastikschulen haben während dieser drei Jahre theoretischen und praktischen Unterricht zu erteilen. Daneben müssen sie den Krankengymnastenschülern Praktikantenplätze vermitteln. Soweit sie nicht von der Möglichkeit

---

[205] Siehe § 10 Abs. 1 Satz 4 i.V.m. § 10 Abs. 2 des MKG-Entwurfes.

[206] In der Begründung des MKG-Entwurfes von 1988 wird die Formulierung „außerhalb des Lehrgangs" durch diesen das Wesen der vorgesehenen praktischen Tätigkeit besser kennzeichnenden Ausdruck ersetzt, vgl. S. 17 der in Fn. 23 genannten Anlage. Vgl. auch S. 17 der Begründung der Neufassung vom März 1989, die nunmehr den farblosen Ausdruck „externes Praktikum" benutzt.

des § 10 Abs. 2 MKG-Entwurf Gebrauch machen – was höchstens für ein Jahr zulässig ist – obliegt es ihnen auch, die Praktikanten in bestimmtem Umfang in den Kliniken anzuleiten und zu überwachen, wie dies bisher schon für die sog. Schulpraktikanten üblich war. Um diesen Aufgaben nachzukommen, müssen sie nunmehr über einen um 50 % längeren Ausbildungszeitraum Lehrpersonal, Lernmittel und Räumlichkeiten zur Verfügung stellen. Dies führt grundsätzlich zu einer Erhöhung der Ausbildungskosten, die allerdings nicht 50 % oder mehr betragen wird.[207] Es ist nämlich zu berücksichtigen, daß der Anteil des theoretischen und praktischen Unterrichts nicht erheblich anwachsen wird, weil nur eine „Integration" des Berufspraktikums in diesen Lehrgang und nicht eine Verdrängung der praktischen Ausbildung beabsichtigt ist. In den drei Jahren Ausbildungszeit wird also nicht erheblich mehr Schulunterricht erteilt werden als bisher in zwei Jahren, so daß der Bedarf an zusätzlichen Lehrkräften sich in Grenzen halten wird. Die Schulen, die nicht an Kliniken eingerichtet sind, haben außerdem die Möglichkeit, ihre Schüler bis zu einem Jahr in das lehrgangsbegleitende Praktikum nach § 10 Abs. 2 MKG-Entwurf zu entsenden, was sich wegen der Minderung des Betreuungsaufwands in gewissem Maße kostendämpfend auswirken wird.

Es läßt sich somit festhalten, daß mit der Verlängerung der schulischen Ausbildungszeit von zwei auf drei Jahre wegen der damit verbundenen stärkeren personellen und sachlichen Belastung der Krankengymnastikschulen eine gewisse Verteuerung der Ausbildungskosten eintreten wird.

Diese Verteuerung werden diejenigen Schulen, die wie die privaten eigenständigen Krankengymnastikschulen auf die Erhebung von Schulgeld angewiesen sind, auf die Krankengymnastenschüler überwälzen müssen. Da das Schulgeld künftig über einen um 50 % längeren Zeitraum erhoben wird und die Verteuerung der Krankengymnastenausbildung diesen Prozentsatz nicht erreichen wird, ergibt sich für die Krankengymnastenschüler künftig u. U. eine Senkung des monatlichen Schulgeldes. Dies ändert aber nichts daran, daß insgesamt auf sie höhere Schulgeldkosten zukommen. Die Verlängerung der schulischen Ausbildungsdauer führt allerdings auch dazu, daß die Krankengymnastenausbildung entsprechend länger durch Leistungen nach dem Bundesausbildungsförderungsgesetz gefördert werden kann. Da diese Förderungsmöglichkeit wegen der niedrigen Einkommensgrenzen nur für einen sehr begrenzten

---

[207] So aber *Harms*, Gutachten, S. 17, dessen Ausführungen sich freilich auf die frühere Fassung des MKG-Entwurfs von 1986 beziehen, in dem die Ausnahmeregelung des § 10 Abs. 2 noch nicht enthalten war.

Kreis der Krankengymnastenschüler in Betracht kommt,[208] kann dadurch die Erhöhung des Schulgeldes für die meisten Schüler nicht ausgeglichen werden.

c) Die Verknappung der Praktikantenplätze

Die Bundesregierung geht nach der Begründung des MKG-Entwurfs davon aus, daß die Krankenhäuser nach der Neuordnung der Krankengymnastenausbildung bereit sein werden, Schüler von Krankengymnastikschulen, die nicht an Kliniken eingerichtet sind, auch für ein drittes Jahr aufzunehmen.[209] Diese Annahme gründet sich auf die Überlegung, die im dritten Ausbildungsjahr stehenden Krankengymnastikschüler könnten an die Stelle der künftig wegfallenden Berufspraktikanten treten. Eine solche Entwicklung ist freilich nur dann zu erwarten, wenn die Schulpraktikanten im Krankenhaus tatsächlich die bisherigen Berufspraktikanten ersetzen können.[210]

Die Berufspraktikanten zeichnen sich vor allem dadurch aus, daß sie anders als die Schulpraktikanten ihre Eignung für den Beruf des Krankengymnasten schon durch das Ablegen einer staatlichen Prüfung unter Beweis gestellt haben. Sie können nach einer Einarbeitungszeit im Verlauf ihres einjährigen Praktikums immer selbständiger und verantwortungsvoller im täglichen Krankenhausbetrieb eingesetzt werden. Im Vordergrund der praktischen Ausbildung während des Berufspraktikums steht der für die spätere Berufsausübung wichtige Erwerb „positiver Routine".[211]

Bei den Schulpraktikanten wird die Ausbildung bisher während des Praktikums durch Übungen geprägt, die unter Anleitung und Aufsicht ausgeführt werden. Für diese Aufsicht und Anleitung muß das Krankenhaus entsprechend qualifiziertes Personal zur Verfügung stellen. Da die Schüler im Praktikum in regelmäßigen Abständen auch durch Lehrkräfte der Krankengymnastikschule beaufsichtigt und betreut werden, kann es insofern zu Kompetenzkonflikten zwischen den eigenständigen privaten

---

[208] Nach der amtlichen Begründung des MKG-Entwurfs von 1988 werden derzeit nur etwa 13 % der Krankengymnastenschüler mit rund 480,– DM monatlich nach dem BAföG gefördert, siehe S. 23 der in Fn. 23 genannten Anlage.

[209] Siehe S. 17 der Begründung.

[210] Siehe hierzu auch *Harms*, Gutachten, S. 20 ff.

[211] Vgl. die amtliche Begründung des MKG-Entwurfs zur Beibehaltung des Berufspraktikums in der Ausbildung der Masseure, S. 15.

Schulen und den Krankenhäusern kommen.[212] Schließlich ist der Einsatz der Schulpraktikanten im „normalen Klinikbetrieb“ auch deshalb beeinträchtigt, weil die Schulpraktikanten wegen des fortlaufenden theoretischen Unterrichts in den Schulen nicht ganztägig zur Verfügung stehen. Insgesamt sind die Schulpraktikanten aus Sicht der Krankenhäuser eher eine Belastung denn eine Entlastung.

Dies erklärt, warum die privaten Schulen, die nicht an Kliniken eingerichtet sind, schon bisher nur unter Schwierigkeiten ausreichend Schulpraktikantenplätze für ihre Schüler beschaffen konnten, während dieselben angehenden Krankengymnasten nach erfolgreicher Staatsprüfung ohne weiteres von den Krankenhäusern als Berufspraktikanten angenommen wurden.

Die zögerliche Haltung der Krankenhäuser in bezug auf die Aufnahme von Schulpraktikanten wird sich nach der Neuregelung der Krankengymnastenausbildung nicht ändern, weil die hierfür maßgebenden Gründe im wesentlichen bestehen bleiben. Zwar können – allerdings nur für eine Übergangszeit (vgl. § 19 Abs. 2 MKG-Entwurf) – die bei Schulpraktikanten bisher auftretenden Kompetenz- und Zeitprobleme durch die Ausnahmeregelung des § 10 Abs. 2 MKG-Entwurf entschärft werden, weil diese Regelung insofern eine Ausbildung entsprechend dem bisherigen Berufspraktikum zuläßt.[213] Die im dritten Ausbildungsjahr stehenden Schulpraktikanten können aber wegen der fehlenden Staatsprüfung und der daraus sich ergebenden verstärkten Aufsichts- und Anleitungspflicht der ausbildenden Krankenhäuser trotz eines schon fortgeschrittenen Ausbildungsstandes nicht in derselben Weise wie die bisherigen Berufspraktikanten eingesetzt werden. Dieser „sinkende Verwendungsnutzen“[214] des angehenden Krankengymnasten im dritten Ausbildungsjahr ist letztlich dafür verantwortlich, daß die Krankenhäuser die bisher von Berufspraktikanten besetzten Stellen nicht in Stellen für Schulpraktikanten umwandeln werden. An die Stelle der bisherigen Berufspraktikanten werden dagegen voll ausgebildete Krankengymnasten treten. Von dem Rückgang der Praktikantenplätze werden in erster Linie die eigenständigen privaten Krankengymnastikschulen betroffen sein. Die Klinikschulen müssen eine Verknappung der Praktikantenplätze regelmäßig nicht fürchten, weil in diesem Falle das betroffene Krankenhaus im eigenen Interesse genügend Praktikantenplätze für seine Schüler zur Verfügung stellen wird.[215]

---

212 Siehe *Harms*, Gutachten, S. 20ff.

213 Siehe oben S. 54.

214 Siehe *Harms*, Gutachten S. 21ff.

Nach der Neuregelung der Krankengymnastenausbildung werden die privaten Krankengymnastikschulen, die nicht an einer Klinik eingerichtet sind, also nicht in der Lage sein, ihren Schülern in hinreichendem Maße Praktikantenplätze zu vermitteln. Dies wird zu einem Rückgang der Schülerzahlen an diesen Schulen und damit auch zu einer Erhöhung der Ausbildungskosten wegen ungenügender Auslastung führen.

d) Die Folgen für den Fortbestand der privaten eigenständigen Krankengymnastikschulen

Die soeben behandelten nachteiligen Auswirkungen der Regelung des § 10 MKG-Entwurf treffen die Krankengymnastikschulen in unterschiedlichem Maße. Der Wegfall der Praktikantenvergütung verteuert die Ausbildung zum Krankengymnasten für alle Schüler zunächst einmal um rund 18.000,– DM. Soweit die Ausbildung an schulgeldpflichtigen Schulen durchgeführt wird, kommt noch eine allerdings nicht genau zu beziffernde Erhöhung des Schulgeldes hinzu. Diese Kostenentwicklung wird für den einzelnen Schüler bei der Wahl seiner Ausbildungsstätte das entscheidende Argument darstellen. Da er oder seine Eltern die Ausbildung nun über volle drei Jahre selbst bezahlen müssen, wird er nicht mehr in der Lage sein, sich für die Ausbildung an einer eigenständigen privaten Krankengymnastikschule zu entscheiden, für die wegen der erhöhten Schulgeldbelastung künftig noch mehr bezahlt werden müßte als heute. Der schon bisher bestehende Wettbewerbsvorteil der Klinikschulen, die überwiegend nicht auf die Erhebung von Schulgeld angewiesen sind, wird durch die Verteuerung der Krankengymnastenausbildung im allgemeinen und die steigende Kostenbelastung der privaten eigenständigen Schulen so vergrößert, daß die privaten eigenständigen Krankengymnastikschulen auch dann keine Chance im Wettbewerb der Krankengymnastikschulen haben werden, wenn sie eine bessere Ausbildung als die anderen, schulgeldfreien Krankengymnastikschulen anbieten können. Einen weiteren Wettbewerbsnachteil erleiden die privaten eigenständigen Krankengymnastikschulen gegenüber den öffentlichen und privaten Klinikschulen durch die infolge der Reform eintretenden organisatorischen Schwierigkeiten im Zusammenhang mit der Bereitstellung von Schulpraktikantenplätzen. Sie sind dadurch gezwungen, ihr Ausbildungsange-

[215] Schwierigkeiten werden sich allerdings auch für solche Klinikschulen ergeben, die nicht über alle für die Ausbildung erforderlichen Fachabteilungen verfügen.

bot erheblich zu reduzieren, was wiederum zu einer ungenügenden Auslastung dieser Schulen führen wird.

Die durch die Neuordnung der Krankengymnastenausbildung hervorgerufene Verschiebung der Wettbewerbslage, die möglicherweise durch die demographische Entwicklung (geburtenschwache Jahrgänge) in der Bundesrepublik Deutschland noch verschärft wird[216], hat für die privaten Krankengymnastikschulen, die nicht an Kliniken eingerichtet sind, die Beseitigung ihrer Überlebensfähigkeit zur Folge. Es ist zu erwarten, daß mittelfristig nur noch die öffentlichen Klinikschulen und einige private Klinikschulen, die die Nachteile der „Vollintegration“ noch besser als die Schulen ohne Klinikanbindung auffangen können, in der Krankengymnastikausbildung tätig sein werden.

3. Zwischenergebnis

§ 10 MKG-Entwurf ist mit der durch Art. 7 Abs. 4 Satz 1 GG verbürgten institutionellen Garantie des Privatschulwesens unvereinbar, weil die Regelung zur Beseitigung der durch diese Garantie geschützten Klasse der privaten eigenständigen Krankengymnastikschule führen wird.

IX. Die Vereinbarkeit des § 10 MKG-Entwurf mit der staatlichen Schutz- und Förderpflicht für das Ersatzschulwesen

In Betracht kommt weiterhin ein Verstoß des § 10 MKG-Entwurf gegen die staatliche Schutz- und Förderpflicht für das Ersatzschulwesen. Nach der vom Bundesverfassungsgericht im Urteil zum Hamburger Privatschulgesetz[217] u.a. aus der institutionellen Garantie entwickelten Schutz- und Förderpflicht ist der Staat verpflichtet, durch positives Handeln den Bestand des Ersatzschulwesens zu sichern. Eine Verletzung dieser Pflicht ist nicht nur dann möglich, wenn der Staat Maßnahmen zugunsten des Ersatzschulwesens unterläßt, sondern erst recht denkbar, wenn der Staat Maßnahmen zu Lasten dieses Schutzobjekts vornimmt. Soweit der Staat Regelungen trifft, die zu einer Beeinträchtigung des Ersatzschulwesens führen, muß er die nachteilige Wirkung durch kompensatorische Maßnahmen neutralisieren.[218]

---

[216] Siehe dazu *Harms*, Gutachten, S. 26 f.

[217] BVerfGE 75, 40 ff.

[218] BVerfGE 75, 40 (66).

Die privaten eigenständigen Krankengymnastikschulen sind Ersatzschulen i.S.d. Art. 7 Abs. 4 Satz 2 GG.[219] Sie gehören damit zu dem von der staatlichen Schutz- und Förderpflicht erfaßten Ersatzschulwesen. Unerheblich ist in diesem Zusammenhang, ob die Krankengymnastikschulen förmlich nach den Schulgesetzen der Länder als Ersatzschule genehmigt sind.[220] Nach Sinn und Zweck der Schutz und Förderpflicht muß es ausreichen, daß der Betrieb der Schule in Einklang mit dem geltenden Recht durchgeführt wird und die Schulen grundsätzlich die Genehmigungsvoraussetzungen des Art. 7 Abs. 4 Sätze 3 und 4 GG erfüllen können.[221] Dies ist bei den privaten Krankengymnastikschulen der Fall, weil diese Schulen sämtlich über eine „staatliche Anerkennung" verfügen[222] und mangels gegenteiliger Anhaltspunkte davon auszugehen ist, daß sie nach Art. 7 Abs. 4 Sätze 3 und 4 als Ersatzschulen genehmigt werden könnten. Da die Regelung des § 10 MKG-Entwurf zu einer Verletzung der institutionellen Garantie dieser Klasse von Privatschulträgern führt[223], ist damit zugleich der Tatbestand einer „evidenten Bedrohung" des Ersatzschulwesens eingetreten, der eine staatliche Abwendungspflicht auslöst.[224] Dies kann angesichts der Offensichtlichkeit der Beeinträchtigung auch dann festgestellt werden, wenn man die gerichtliche Kontrollaufgabe auf die Nachprüfung beschränkt sieht, ob „die in den getroffenen Regelungen zutage tretende Sicht des Gesetzgebers in Ansehung der für die Verfassungsmäßigkeit maßgeblichen tatsächlichen Umstände vertretbar oder eindeutig fehlerhaft und widerlegbar ist."[225]

Da der Bund in Ansehung der durch die Regelung des § 10 MKG-Entwurf für die privaten Krankengymnastikschulen ohne Klinikanbindung

---

[219] Siehe oben S. 43.

[220] Mit Ausnahme der bayerischen Schulen verfügen die privaten Krankengymnastikschulen, weil das Schulrecht der Länder sie überwiegend nicht in seine Geltungsbereiche einbezieht (siehe oben S. 25 ff.), nicht über eine Genehmigung als Ersatzschule.

[221] Andernfalls könnte der Staat durch Verzicht auf das Erfordernis der Genehmigung die staatliche Schutz- und Förderpflicht ohne weiteres umgehen.

[222] Diese „staatliche Anerkennung" bezieht sich nur auf die *Geeignetheit* der Schule für die Krankengymnastikausbildung. Die Voraussetzungen des Art. 7 Abs. 4 Sätze 3 und 4 GG (Sonderungsverbot, wirtschaftliche Stellung der Lehrkräfte) werden nicht geprüft. Deshalb kann die staatliche Anerkennung die fehlende Ersatzschulgenehmigung nicht ersetzen; a.A. aber *Vogel*, Recht der Bildung, BEFT Ordz. 23.8. S. 26.

[223] Siehe oben S. 59.

[224] Vgl. BVerfGE 75, 40 (67); BVerwG NVwZ 1988, 930 (932).

[225] Siehe BVerwG NVwZ 1988, 930 (932); vgl. ferner BVerfGE 56, 54 (81).

eintretenden Folgen keine kompensatorischen Maßnahmen vorgesehen hat, verletzt der Bundesgesetzgeber mit dem Erlaß eines Gesetzes, das inhaltlich dem vorliegenden MKG-Entwurf entspricht, auch die ihm obliegende Schutzpflicht für das Ersatzschulwesen.

F. Ergebnis der Untersuchung

Die Regelung des § 10 MKG-Entwurf verstößt sowohl gegen die institutionelle Garantie des Privatschulwesens als auch gegen die staatliche Schutz- und Förderpflicht für das Ersatzschulwesen. Da diese in Art. 7 Abs. 4 GG enthaltenen objektiv-rechtlichen Verbürgungen der Verstärkung und Sicherung des Grundrechts auf Errichtung von privaten Schulen dienen, begünstigen sie auch den einzelnen Grundrechtsberechtigten in seiner grundrechtlichen Position. Die Regelung des § 10 MKG-Entwurf verletzt daher zugleich das aus Art. 7 Abs. 4 Satz 1 GG fließende Grundrecht der Träger der eigenständigen privaten Krankengymnastikschulen auf Errichtung privater Schulen.

Daraus folgt, daß der Bundesgesetzgeber aus verfassungsrechtlichen Gründen gehindert ist, die geplante Ausbildungsreform in der Krankengymnastik wie vorgesehen durchzuführen. Sofern er es aus ausbildungspolitischen Gründen weiterhin für opportun hält, eine Ausbildungsreform durchzuführen, bleibt es ihm überlassen, ob er den Weg einer Verbesserung des bisherigen zweistufigen Ausbildungsmodells wählt oder ob er grundsätzlich an der Integrationslösung festhält und die existenzvernichtenden Folgen dieser Lösung für die eigenständigen privaten Krankengymnastikschulen durch kompensatorische Maßnahmen abwendet.

G. Zusammenfassung

I. Gegenstand der Untersuchung ist die verfassungsrechtliche Überprüfung der von der Bundesregierung im Rahmen einer Neuordnung der Krankengymnastenausbildung beabsichtigten Integration der praktischen Ausbildung in einen von zwei auf drei Jahre verlängerten Lehrgang an den Krankengymnastikschulen.

II. Diese Neuordnung ist kompetenzrechtlich nicht zu beanstanden. Die Gesetzgebungskompetenz des Bundes ergibt sich aus Art. 74 Nr. 19 GG i.V.m. Art. 72 Abs. 2 GG.

III. Die Krankengymnastikschulen sind, obwohl die Schulgesetze der Länder sie überwiegend aus ihrem Regelungsbereich ausklammern, „echte“ Schulen i.S.d. Art. 7 GG.

IV. Sämtliche bestehenden privaten Krankengymnastikschulen in der Bundesrepublik Deutschland sind der Gruppe der Ersatzschulen zuzuordnen.

V. Der den Trägern dieser Ersatzschulen in Art. 7 Abs. 4 GG verbürgte Grundrechtsschutz wird durch die in dieser Bestimmung ebenfalls enthaltenen objektiv-rechtlichen Gehalte der institutionellen Garantie des Privatschulwesens und der Schutz- und Förderpflicht für das Ersatzschulwesen gesichert und verstärkt.

VI. Die vorgesehene Integration der praktischen Ausbildung in die von den Krankengymnastikschulen zu vermittelnde Ausbildung verstößt gegen die institutionelle Garantie des Privatschulwesens und gegen die Schutz- und Förderpflicht für das Ersatzschulwesen, denn sie beseitigt die Überlebensfähigkeit der privaten Krankengymnastikschulen, die nicht an Krankenhäusern eingerichtet sind. Diese eigenständigen privaten Schulen bilden eine besondere, von den anderen privaten Krankengymnastikschulen geschiedene Klasse von Ersatzschulen, deren Bestand durch die objektiv rechtlichen Gehalte des Art. 7 Abs. 4 GG garantiert wird. Die Integration der praktischen Ausbildung in den Lehrgang führt zu einem Ausscheiden dieser Klasse von Ersatzschulen aus der Krankengymnastenausbildung.

Die eigenständigen privaten Lehranstalten werden sich wegen der mit der Integration verbundenen Verteuerung der Ausbildung durch den Wegfall der bisherigen Praktikantenentgelte und die Erhöhung der Schulgeldbelastung sowie der zu erwartenden Verknappung der Praktikantenplätze nicht mehr im Wettbewerb mit den übrigen privaten Schulen und vor allem den öffentlichen Schulen behaupten können.

VII. Der Verstoß gegen die institutionelle Garantie des Privatschulwesens und die Schutz- und Förderpflicht für das Ersatzschulwesen verletzt zugleich das aus Art. 7 Abs. 4 Satz 1 GG fließende Grundrecht der Träger der eigenständigen privaten Krankengymnastikschulen auf die Errichtung und den Betrieb privater Schulen.

Literaturverzeichnis

Alexy, Robert: Theorie der Grundrechte, Baden-Baden, 1985.

Berkemann, Jörg: Anmerkung zum Urteil des BVerfG vom 8. 4. 1987, – 1 BvL 8/84 –, RdJB 1987, S. 397 - 402.

Bernhard, Ralf: Zu den verfassungsrechtlichen Grenzen staatlicher Sparmaßnahmen bei der Privatschulfinanzierung, DVBl. 1983, S. 299 - 305.

Brenner, Günter: Praktische Rechtskunde für Krankengymnasten, Masseure sowie Masseure und medizinische Bademeister, Stuttgart / New York, 1987.

Claassen, Hans, *Hauer*, Rolf, *Klügel*, Eckard, *Reinhard*, Uwe: Niedersächsisches Schulgesetz, Handkommentar, Stuttgart / München / Hannover, 1982.

Denninger, Erhard: Hochschulrahmengesetz, Kommentar, München, 1984.

Dodenhoff, Wilhelm: Zur Gesetzgebungskompetenz des Bundes, die Zugangsvoraussetzungen für das Studium der Medizin zu bestimmen, DVBl. 1980, S. 897 - 900.

Eiselt, Gerhard: Zur Privatschulsubventionierung, DÖV 1987, S. 557 - 568.

Falckenberg, Dieter, *Schiedermair*, Werner, *Amberg*, Hellmuth: Bayerisches Gesetz über das Erziehungs- und Unterrichtswesen, Kommentar, München, 1983.

Gallwas, Hans-Ulrich: Faktische Beeinträchtigungen im Bereich der Grundrechte, Berlin, 1970.

Grabitz, Eberhard: Freiheit und Verfassungsrecht, Tübingen, 1976.

Harms, Wolfgang: Gutachten über die verfassungs- und wettbewerbsrechtlichen Auswirkungen der Ausbildungstätigkeit öffentlich-rechtlich getragener Krankengymnastik-Schulen unter der Geltung des MBKG in seiner Fassung vom 15. 8. 1986, 1987 (nicht veröff.).

Heckel, Hans: Deutsches Privatschulrecht, Berlin / Köln, 1955.

Heckel, Hans, *Avenarius*, Hermann: Schulrechtskunde, 6. Aufl., Neuwied / Darmstadt, 1986.

Hesse, Konrad: Grundzüge des Verfassungsrechts der Bundesrepublik Deutschland, 16. Aufl., Heidelberg, 1988.

Isensee, Josef: Kirchenautonomie und sozialstaatliche Säkularisierung in der Krankenpflegeausbildung – Zur Verfassungsmäßigkeit der Erstreckung des Berufsbildungs-Modells auf kirchliche Krankenhäuser, 1980.

— Die Finanzverantwortung für die Krankenpflegeschulen, DVBl. 1988, S. 932 - 938.

— Krankenpflegeausbildung auf schulrechtlichem Prokrustesbett, DVBl. 1989, S. 25 - 27.

Kommission Schulrecht des Deutschen Juristentages: Schule im Rechtsstaat, Band 1 (DJT-SchulGE), München, 1981.

Kurtenbach, Hermann, *Golombek*, Günter, *Siebers*, Hedi: Krankenpflegegesetz, Kommentar, Köln, 1986.

Larenz, Almuth: Nochmals: Die Finanzverantwortung für die Krankenpflegeschulen, DVBl. 1989, S. 23 - 25.

Lerche, Peter: Gesetzgebungskompetenzen im Ausbildungsbereich der Heilberufe, DVBl. 1981, S. 609 - 615.

Lübbe-Wolff, Gertrude: Die Grundrechte als Eingriffsabwehrrechte, Baden-Baden, 1988.

v. *Mangoldt*, Hermann, *Klein*, Friedrich: Das Bonner Grundgesetz, Kommentar, Band 1, 2. Aufl., 1957.

Maunz, Theodor, *Dürig*, Günter, *Herzog*, Roman, *Scholz*, Rupert, *Lerche*, Peter, *Papier*, Hans-Jürgen, *Randelzhofer*, Albrecht, *Schmidt-Aßmann*, Eberhard: Grundgesetz, (Loseblatt-)Kommentar, München, Stand: Januar 1987.

Müller, Friedrich: Das Recht der Freien Schule nach dem Grundgesetz, 2. Aufl., Berlin, 1982.

Müller, Friedrich (Hrsg.): Zukunftsperspektiven der Freien Schule, Berlin, 1988.

Müller, Friedrich, *Kromer*, Michael: Zur Verfassungsmäßigkeit staatlicher Prüfungsordnungen für anerkannte Ersatzschulen, NVwZ 1984, S. 77 - 81.

Müller, Friedrich, *Pieroth*, Bodo, *Fohmann*, Lothar: Leistungsrechte im Normbereich einer Freiheitsgarantie, Berlin, 1982.

v. *Münch*, Ingo: Grundgesetzkommentar, Band 1, 3. Aufl., München, 1985, Band 3, 2. Aufl., München, 1983.

Niehues, Norbert: Schul- und Prüfungsrecht, 2. Aufl., München, 1983.

Ossenbühl, Fritz: Die Interpretation der Grundrechte in der Rechtsprechung des Bundesverfassungsgerichts, NJW 1976, S. 2100 - 2107.

Ramsauer, Ulrich: Die Bestimmung des Schutzbereichs von Grundrechten nach dem Normzweck, VerwArch 72 (1981), S. 89 - 106.

Schmidt-Bleibtreu, Bruno, *Klein*, Franz: Kommentar zum Grundgesetz, 6. Aufl., Neuwied / Darmstadt, 1983.

Schmidt-Jortzig, Edzard: Die Einrichtungsgarantien der Verfassung, Göttingen, 1979.

Sendler, Horst: Teilhaberechte in der Rechtsprechung des Bundesverwaltungsgerichts, DÖV 1978, S. 581 - 589.

Stern, Klaus: Das Staatsrecht der Bundesrepublik Deutschland, Band III / 1, München 1988.

Thieme, Werner: Deutsches Hochschulrecht, 2. Aufl., Köln / Berlin / Bonn / München, 1986.

Vogel, Johann Peter: Das Recht der Schulen und Heime in freier Trägerschaft, Darmstadt / Neuwied, 1984.

— Die Bestandsgarantie des Art. 7 IV 1 GG, DVBl. 1985, S. 1214 - 1219.

Vogel, Johann Peter, *Knudsen*, Holger (Hrsg): Bildung und Erziehung in freier Trägerschaft, Das Recht der Privatschulen, Kindergärten und Heime (BEFT), Loseblattsammlung, Neuwied / Darmstadt, Stand: Dezember 1988.

MIX
Papier | Fördert gute Waldnutzung
FSC® C083411

Kolibri 360 GmbH
Ferdinand-Jühlke-Straße 7
99095 Erfurt, Deutschland
produktsicherheit@kolibri360.de

Druck:
CPI Druckdienstleistungen GmbH
im Auftrag der
Kolibri 360 GmbH
Ferdinand-Jühlke-Str. 7
99095 Erfurt